全国教育科学“十四五”规划课题
“‘家长学校’教育质量评价模型构建与质量验证”
（批准文号：BSA240232）科研成果

故事里的家庭教育学

——初中学生家庭教育指导手册

总主编　赵　刚　本册主编　李学义

长江出版传媒 | 湖北教育出版社

图书在版编目（CIP）数据

初中学生家庭教育指导手册 / 李学义主编. -- 武汉 : 湖北教育出版社, 2025. 4. -- (故事里的家庭教育学 / 赵刚总主编). -- ISBN 978-7-5564-6191-2

Ⅰ. G782-62

中国国家版本馆CIP数据核字第2025DU7236号

初中学生家庭教育指导手册
CHUZHONG XUESHENG JIATING JIAOYU ZHIDAO SHOUCE

出品人	方　平		
责任编辑	孙亦君	责任校对	李庆华
封面设计	李　枫　刘静文	责任督印	刘牧原

出版发行	长江出版传媒	430070　武汉市雄楚大道 268 号
	湖北教育出版社	430070　武汉市雄楚大道 268 号
经　销	新　华　书　店	
网　址	http://www.hbedup.com	
印　刷	湖北新华印务有限公司	
地　址	武汉市硚口区长风路 31 号	
开　本	710mm×1000mm　1/16	
印　张	10.75	
字　数	130 千字	
版　次	2025 年 4 月第 1 版	
印　次	2025 年 4 月第 1 次印刷	
书　号	ISBN 978-7-5564-6191-2	
定　价	33.00 元	

家庭教育学：幸福人生的必修课

当今社会，我们常常在忙碌的生活节奏中，遗忘了一些极为基础却又关键的生活常识。在传统认知里，人生中有两件大事：成家、立业。它们如同人生坐标系的双轴，共同标定着个体价值的维度。然而，令人惋惜的是，当下众多人在追逐事业巅峰的过程中，不经意间偏离了“家庭”这一生活的原点。大多数人接受教育是为了提升生活品质，获得幸福。一个人的幸福指数，由家庭生活的美满程度及其获得的社会评价共同构筑。试想，若家庭内部夫妻关系紧张、亲子关系对立，那么身处其中的人，又怎能真切体会到幸福呢？在社会舞台上，我们的角色不断变换，充满不确定性，而家庭角色却相对稳定且贯穿一生。当好一位处长、厂长等社会角色需要历练，而成为一名优秀的家长，同样需要持续学习、用心感悟以及不断自我提升。

人类以家庭的形式构建生活，这是文明进步的标志。作为社会结构的基本单元，家庭承载着情感慰藉、安全互助、生命延续、两性和谐等诸多重要责任与功能。生育子女是实现生命繁衍的关键环节，鉴于此，长辈在家庭教育中肩负着培育下一代的核心责任。尽管工业革命催生了大规模的学校教育，但家庭特有的教育功能仍然是学校教育所无法替代的。家庭文化的熏陶、家庭生活的点滴、家人之间的关系以及家长的一言一行，都在潜移默化中影响着孩子未来的处世方式与生活态度，也决定了他们的人生质量。人类教育发展到现在，一个被证明了的经验或者说教训就是，缺失家庭教育的教育体系，往往难以造就幸福的、高素质的人才。

有人说，家庭是孩子的第一所学校，家长是孩子的第一任老师。在当下，这句话有着更为深刻的内涵。如今，家庭常常成为孩子继续完成学校作业的第二场所，家长大多也只是履行抚养孩子的基本职责，并未充分意识到以身作则、言传身教的教育责任。学校老师的专业化教育固然重要，但若作为第一任老师的家长，未能将孩子教导得通情达理、具备基本生活能力，那么即便学校老师使出浑身解数，也难以将孩子塑造成有用之才。由此可见，作为人生第一所学校的家庭、作为孩子第一任老师的家长，其作用无可替代。我国未成年人口数量庞大，其背后的父母与祖辈更是一个规模可观的群体。这一群体的素质以及其在教育中发挥的作用，对国家治理水平和教育现代化进程有着重大影响。因此，这套《故事里的家庭教育学》的价值不言而喻。

2025年，正值“中国近代幼儿教育之父”陈鹤琴先生1925年所著《儿童心理之研究》《家庭教育》两本书出版100周年。这两本书的出版是中国现代儿童教育、家庭教育“中国化、科学化、大众化”进程开始的重要标志。我们这套《故事里的家庭教育学》在百年之后与之呼应，旨在向陈鹤琴先生致敬，并再次强调：家庭是人生的幸福原点，家庭教育是每个人受教育的起点，家庭教育这门学问，是一个人学习与实践的必修课。愿这本以事喻理、力求通俗的“学”能为您所用，转化为助力子女成长之“行”。

赵　刚

目录

第三章　家庭安全教育

第四章　家庭学习指导

第五章　家庭媒介素养教育

第六章　青春期性教育

第七章　家庭亲子关系教育

第一章　家庭道德教育

家庭道德教育可以简称为家庭德育，是父母或其他年长者在家庭中对孩子进行的品德教育。家庭德育作为一种独立的教育形式，在形成人们的品德过程中，具有既不容忽视又无可代替的重要地位和奠基作用。从生命之初的规则意识训导到人生理想的实现，家庭德育是一切道德教育的开端与基础，是塑造人类灵魂的第一个环节，是构建和谐社会的必要条件。品德是人的第二生命，品德培养是教育的基础工程。一个孩子只有拥有了良好的道德品质，才能拥有一个积极向上的精神面貌，才能为人生的发展打下良好的基础。品德教育要从家庭开始，从摇篮起步。

第一节　家庭道德教育是德育的基石

家庭德育的根本任务就是立德树人。立德，就是树立德业，通过道德教育来引导人、感化人、激励人；树人，就是坚持以人为本，通过合适的教育来塑造人、改变人、发展人。在家庭，立德树人就是教育孩子修身养德、学会做人。

立德是立身之本。“人无德不立，国无德不兴。”以德立身，高山仰止。不立德者，难正其身。司马光认为：德才兼备谓之圣人，德胜才者谓之君子，才胜德者谓之小人，德才俱无谓之愚人。用人当用圣人、君子；若得不到圣人、君子，宁用愚人，不用小人。小人即使有才，但心术不正，常常把才能用于使坏，则其才能越大危害就越大。意大利诗人但丁说："道德常常能填补智慧的缺陷，而智慧却永远填补不了道德的缺陷。"古今中外的事例表明，一个人具备的优良品质越多，其聪明才智往往发挥得越好。否则，纵有聪颖的天资，也会被不良品性所湮没。

初中生小悦被选为班级的道德模范。在日常生活中，她对"孝"和"感恩"的理解可不是停留在口头上，而是积极付诸行动。

在学校，小悦待人礼貌诚恳，尊敬老师，团结同学；她乐于助人，当有同学请教问题时，她会不遗余力地分析答疑；她积极乐观，踊跃参加学校组织的各项活动。在家里，她尽力做好自己力所能及的事情。每天早上起床后，她都会和家人问好，煮好早饭后才去上学。放假在家时，她主动承包了洗碗、扫地、煮饭一类的家务，帮妈妈减轻负担。经常做家务不仅没有影响小悦的学习成绩，反而让她的学习效率更高。

因为生计，妈妈常常外出送货，小悦总是二话不说就担负起看顾妹妹的责任。农忙时，她还和爷爷一起去地里栽种玉米，她笑着说："我多干一点儿，爷爷就能少辛苦一点儿。"每次不等爷爷发号施令，她便轻车熟路地拿起小锄头，开始干活了。

小悦说，她会努力弘扬老祖宗优秀的道德品质，不断带动身边的人做孝亲敬老的新时代好公民！

道德教育始于家庭，延续于学校，扩展于社会。孩子在接受父母的养育中会感受到亲情，在父母的教诲中会产生反哺之孝心，由最纯朴的孝的情感，逐渐会产生爱，首先是爱父母，感恩父母；然后是爱家人、敬老人；最后是爱他人，包括老师、同学等。孩子懂得了感恩，学会了爱，就会听从父母教诲，懂得约束自己的欲望和言行，知道什么是对什么是错，从而进行自我修养，形成好的习惯和品行。父母对孩子的教育，一定要让孩子懂得尊长、护幼、有礼、诚实、善良、友爱，这也就是从孝出发的品德轨迹。

在家庭教育过程中，有一种错误的倾向值得注意，那就是“重智轻德”。不少家长错误地认为，智育是孩子成才的唯一通道，因而只顾抓孩子的学习，忽视了品德教育。家长重智是应该的，轻德可就不对了。作为父母，谁不希望孩子掌握的知识多？谁不希望孩子聪明？但是，家长决不能忽视对孩子的品德教育。如果从小不对孩子进行“德商”培养，孩子就可能会做出不道德的事来，甚至会走上违法犯罪之路。

“重智轻德”的教育是本末倒置的教育。一个有知识没道德的人会成为社会的毒瘤！丧失道德的人会把知识变成害人的工具，知识越多，危害越大！

教子有方小课堂

改变“重智轻德”的倾向，必须首先从家庭做起，只有先在家庭教育中倡导全面发展的教育观，不为应试教育推波助澜，才能使家庭教育回归理性，走上正轨，使孩子得到全面发展。

1. 教育孩子学会感恩

家长要让孩子学会识恩、知恩、感恩、报恩和施恩。告诉孩子：要感谢大自然，它让你有生存空间；要感谢父母，他们给予你生命，抚养你成人；要感谢老师，他们教给你知识，引领你全面发展；要感谢朋友，他们让你感受到世界的温暖；要感谢对手，他们令你不断进取、努力。家长要通过感恩教育培养孩子良好的道德品质。

2. 父母不要唯分数论

在许多父母眼里，分数高于一切，分数决定一切。他们的态度随着孩子分数的变化而改变。因成绩不好而一味地责怪孩子，甚至打骂孩子的做法极不可取。父母教育孩子的时候，不能只认分数不认人。父母要知道分数只是表明孩子的学习成绩，即使高分也不能代表一切，更无法决定孩子的未来。因此，父母不要把分数看得太重。

3. 父母要言传身教

一方面，父母要利用合适的表达方式耐心说服、教育孩子；另一方面，父母要以身作则，为孩子树立好的榜样。

4. 要立足于抓“小”

一是要从小抓起，不要以“孩子还小，长大就懂事了”为借口，忽视早期道德教育；二是从小处着手，经常利用身边发生的小事引导孩子辨析对错，让孩子从中领悟做人的道理。

5. 保持教育的一致性

道德教育是一个系统工程，需要多方努力。要保持教育的一致性，从大的方面说，要使家校社形成合力；从小的范围看，要坚持家庭内部的统一。

第二节　全面实施家庭德育

如果你问今天的家长，在孩子的成长过程中，思想道德重要吗？大概没有人持否定态度。但在实际生活当中，尤其是在如今日趋激烈的竞争环境下，作为家长，我们却常常不自觉地跟孩子强调发展智力、抓好学习的重要性，而把道德教育放在了次要的位置上。家庭是孩子成长的第一环境，对孩子良好道德行为的养成起着极为重要的作用。

家庭德育内容不是单一的，包括个人品德、家庭美德、职业道德和社会公德等方面，传统美德渗透在以上各种道德之中。家庭德育也并不是单纯对孩子实施教育，也包括对家长的教育。因此，把握家庭德育的全面性和全员性才能提高德育效果。

韩潇的母亲叶女士文化水平不高，但从孩子懂事起，她就特别注重对孩子品德的培养。如上街时吃剩的果皮等都让韩潇亲手送到垃圾箱里，不准随意往地上乱扔。乘公共汽车时，教韩潇主动给需要帮助的人让座。韩潇放学在家，叶女士也会要求他帮忙做一些力所能及的家务活。韩潇小小年纪就养成了勤俭质朴的习惯，从不挑吃穿，不乱花钱，也很体谅父母。

韩潇上小学以后，叶女士为了培养他良好的学习习惯，有意识地让他阅读一些名人少年时期刻苦学习的故事。使他懂得，要从小有志气，只有好好学习，打下坚实的基础，才能实现自己对未来发展的美好设想。

韩潇在成长中遇到困难时，叶女士也会及时给他鼓励，同时帮助他一起想办法，使其增加克服困难的信心和力量。韩潇在八年级时成绩下降了，叶女士与他认真沟通后了解到，因为班主任安排了一名纪律较差的同学和他同桌，韩潇心情不舒畅，因此对老师也颇有微词，以致影响了学习。叶女士认真开导韩潇，教他面对这种情况时，更要多关心该同学，帮助其改变不良习惯，共同取得进步。韩潇也认识到了自己的错误。到九年级后，他与同桌的学习都有了很大的进步。韩潇中考时取得全年级第一名的好成绩，还多次获得中学生省级、国家级数学联赛、信息学等竞赛奖项。

叶女士对韩潇的教育故事，令人深思，值得学习。韩潇中学阶段成绩优异，多次获国家级竞赛奖项，是一个聪明孩子。但值得注意的是，韩潇的优异成绩不是来自急功近利的补习，而是与不随地乱扔垃圾、主动给需要帮助的人让座、做力所能及的家务活等润物细无声的道德启蒙教育有关。

一个孩子拥有良好的道德品质，才能拥有一个积极向上的精神面貌，而这也会促进其学业发展，使其达到德才兼备，全面发展。当今社会，立德树人是必做的功课。因此，作为家长，必须把好家庭德育这一关，防止道德在家庭滑坡。家长要强化“育己先于育人，成人高于成才，德商重于智商，品格胜于知识”的思想意识，从而克服家庭教育“重智轻德”的倾向，增强家庭德育的实效性，为孩子的一生奠定坚实的道德基础。

教子有方小课堂

孩子的道德教育要从小抓起。在家庭道德教育过程中，要把个人品德、家庭美德、传统美德和公共道德结合起来，一起抓好。

1. 个人品德教育

个人品德是个人在道德行为中表现出来的自我完善的自觉且稳定的倾向。培养孩子的个人品德是家庭德育的基础。人具有利己本性，个人品德的基本要求是利己利人、公私兼顾；最高要求是毫不利己、专门利人和公而忘私、大公无私。个人品德实际上是古人“修身”的内容。

2. 家庭美德教育

家庭美德是每个公民在家庭生活中应该遵循的行为准则，涵盖了夫妻、长幼、邻里之间的关系。要大力倡导以尊老爱幼、男女平等、夫妻和睦、勤俭持家、邻里团结为主要内容的家庭美德，鼓励孩子在家庭里做一个好孩子、好成员。爱，是家庭美德的核心。

3. 传统美德教育

中华民族的传统美德是中华优秀民族品质、优良民族精神、崇高民族气节、高尚民族情感、良好民族礼仪的总和。比如，温良恭俭让和仁义礼智信等作为优秀传统文化的基本内容会重新渗入人们的头脑，并落实到精神文明建设中去。为此，家庭教育既义不容辞，也要先行一步，走在前面。

4. 职业道德教育

职业道德是指人们在职业生活中应遵循的基本道德，是职业品德、职业纪律、专业胜任能力及职业责任等的总称，它通过公约、守则等对职业生活中的某些方面加以规范。职业道德既是本行业人员在职业活动中的行为规范，又是行业对社会所负的道德责任和义务。

5. 社会公德教育

社会公德是全体公民在社会交往和公共生活中应该遵循的行为准则，

涵盖了人与人、人与社会、人与自然之间的关系。在现代社会，公共生活领域不断扩大，人们相互之间的交往日益频繁，社会公德在维护公众利益、公共秩序，保持社会稳定方面的作用更加突出，成为公民个人道德修养和社会文明程度的重要表现。我们要大力倡导以文明礼貌、助人为乐、爱护公物、保护环境、遵纪守法为主要内容的社会公德，鼓励孩子在社会上做一个好少年。

第三节　对孩子进行“三观”教育

“三观”教育是指进行马克思主义世界观、人生观、价值观教育的统称。一个人要想立足于社会，就要有正确的世界观、人生观和价值观。世界观是根，如果能够深深地扎在大地，人就能长成参天大树，风雨不动安如山；人生观是魂，如果能够彻底弄明白生活的意义，人就能好好活着，永远保持蓬勃旺盛的生命力，创造精彩的人生；价值观是果，如果能够懂得生命的宝贵，人就能选择正确的目标，培养良好的兴趣，自觉奉献出生命的能量，发出生命的光和热，结出生命的丰硕果实。所以，“三观”正则人正，“三观”明则人明，“三观”定则人定，“三观”健康则人健康，“三观”幸福则人幸福。

作为初中生家长的罗先生与许多家长不同，他不那么看重孩子的分数，而是注重孩子“三观”的培养。他认为，要教育孩子“三观”正，首先父母必须正“三观”。为此，他严于律己，时时处处为孩子树立好榜样，以积极的态度和实际行动影响孩子。

在世界观教育方面，首先，他坚持多带孩子旅游，到不同的地方去走走，到更多的地方去看看，了解各地的风土人情，以旅行的方式记录孩子的成长点滴。他说：“孩子如果连世界都没了解过，哪里来的世界观?”其次，罗先生从小就教育孩子要尊敬师长，团结同学，助人为乐，不计较个人得失，尽己之力帮助需要帮助的人，学会感谢别人，让孩子从小生活在爱的世界里。最后，把孩子当作朋友，多理解，多表扬，多鼓励，少批评，不指责。在人生观教育过程中，罗先生首先帮助孩子制定人生规划，明确奋斗目标。然后给孩子讲人生观的含义，并联系典型事例强化教育。接着给孩子讲科学人生观的特点及为什么要树立科学人生观，怎样树立科学人生观，正确认识人生的意义和价值，树立正确的人生目的和生活态度。对于价值观的教育，罗先生经常通过家庭活动、共同讨论等方式，传递自己的价值观，帮助孩子理解什么是真善美，引导孩子选择正确的价值取向。罗先生还要求孩子牢记 24 字社会主义核心价值观内容，他认为这些都是孩子需要学习的正确价值观，不仅要牢记，更要践行。

一个人世界观形成的关键期是青少年阶段，这个时期特别需要父母的引导。孩子幼年时，家长可以从讲故事开始，让孩子对世界、自然、生物、国家、历史、社会结构、分工等有所认识，并在以后的学习中逐步去了解和掌握。除了引导孩子加强学习，家长还要鼓励孩子积极参加社会实践活动，自觉地加强思想品德修养，逐渐形成科学的世界观。

人生观教育是道德教育的重点。在实际生活中，人们不断面对各种各样的问题，逐渐地认识和领悟人生。到了一定年龄，无论自觉与否，人都会形成与自己的生活阅历、实际体验密切相关的关于人生的根本看法、价值判断和生活态度，这就是一个人的人生观。我们通常讲的幸福观、生死观、荣辱观、审美观、义利观、得失观、苦乐观、道德观等，都属于人生观的基本内容。家长要让孩子懂得，人为什么而活着，应该怎样活着。要批判那种“人不为己，天诛地灭”的腐朽人生观，摈弃极端个人主义。

除了世界观、人生观教育之外，还要对孩子进行价值观教育。

在家庭教育中，家长要教育孩子践行社会主义核心价值观，激励他们追求有意义的生活。社会主义核心价值观共24个字：富强、民主、文明、和谐、自由、平等、公正、法治、爱国、敬业、诚信、友善。学习和践行社会主义核心价值观既是时代要求，又是个体成长的需要。要让孩子将社会主义核心价值观内化于心，外化于行，必须在勤学、修德、明辨、笃行上下功夫。勤学是前提，修德是基础，明辨是保障，笃行是关键。

在价值观教育中，家长还要引导孩子摆脱庸俗价值观的影响，抵制好逸恶劳、贪图享乐、一味追求私利的庸俗价值观的腐蚀，对物质主义、拜金主义、享乐主义、名利主义、极端个人主义等保持高度警惕。要培养孩子乐于助人、乐于奉献的高尚品质，努力学好为人民服务、为社会贡献力量的本领，帮助孩子探索一条实现人生价值的正确途径。

教子有方小课堂

在孩子的青少年时期，当孩子的自我意识开始觉醒，开始追求自我的时候，他们会进行各种尝试，追求自己的身份。此时，父母就得开始引导孩子养成正确的“三观”。

1. 在亲子互动中因势利导

初中生思想活跃，对新事物充满好奇、喜欢钻研，尤其对社会热点、流行文化现象等关注较多。此时，如果家长及时加以引导，消除孩子思想上的困惑，就能帮助他们正确认识世界、看待问题，确立正确的“三观”。

2. 引导孩子尊重生命

父母要让孩子理解生命，懂得生命的重要性。要让孩子明白，遇到困难千万不能轻易放弃自己的生命，只要活着，就有成功的可能。要教育孩子在珍爱自己的生命的同时，也要尊重他人的生命。

3. 增长孩子的见识

家长可以带领孩子去红色革命教育基地参观，熟悉革命先辈们的光荣事迹，让孩子耳濡目染；也可以讲一些反面案例，增加孩子树立正确的荣辱观和辨别是非的能力。同时，家长也可以鼓励孩子多参与公益活动，让孩子亲身感受到帮助他人的快乐，培养孩子的奉献精神和社会责任感。

第四节　重视孩子自立能力的培养

自立是一种良好的品质，一种可贵的精神。不懂得自立的国家，必遭外敌侵略；不懂得自立的公司，必定破产无疑；不懂得自立自强的人，必定一事无成。所以，成熟和成功都需要自立。

自立是中华民族的传统美德。它是民族的脊梁、民族的灵魂，是关乎中华民族能否屹立于世界民族之林的关键。

一个不能自立的人，就没有自己独立的生活，也就没有自己的个性人格，就难以面对生活中的挫折和困难，也就无法获得成功。对于处于成长阶段的孩子来说，自立是最重要的品质之一。

在科学史上有这样一件事。

据说，瑞典化学家舍勒和英国化学家普里斯特利都曾独立制得氧气。氧气的发现在化学史上是一个重大的贡献。但他们迷信前人，被当时流行的“燃素说”所束缚，将氧气称为“脱燃素的空气”，导致最后均未能得出科学的结论。

1774 年，普里斯特利拜访了法国化学家拉瓦锡，他向拉瓦锡介绍并演示了从氧化汞中提取气体的实验。拉瓦锡后来又重复了普里斯特利的实验，并且把普里斯特利的实验材料与他自己的实验结果联系起来，开始思考……终于，拉瓦锡摆脱传统思想的束缚，勇于探索，充分相信自己，通过反复试验，大胆地提出了氧化概念，形成了燃烧的氧化理论。他指出，所谓“脱燃素的空气”实际上就是氧气，终于推翻了统治化学界近百年的“燃素说”，得出了科学的结论，开创了化学研究的新纪元。

这个故事说明了自立的重要性。自立的真正含义是不迷信前人，不盲从权威，在事业上有敢于创新的精神。

许多孩子遇到困难时习惯向父母求助，父母帮惯了，孩子就容易形成依赖性。家长帮助得越多，孩子的依赖性就越强。这样的恶性循环，容易使孩子缺乏独立性，导致孩子就像温室里的花朵，经不起风吹雨打，意志力非常薄弱。

苏联教育家马卡连柯说：“一味地抱着慈悲心肠为子女牺牲一切的父

母，可以算得上是最坏的教育者。”依赖本身就容易滋生懒惰，让孩子懒于独立思考，易为他人左右。父母遇事处处为孩子包办，这不是在爱孩子，而是在害孩子。

教子有方小课堂

自立教育，是对自立意识的培养，是一种习惯教育。如何才能让孩子在自立教育中有所获、有所得，真正实现“自立于社会、自立于人生”的目标？这是每个家长都必须面对的问题。

1. 让孩子做力所能及的事

孩子自己的事要他自己去做，如穿衣、洗碗、打扫卫生等。家长需要锻炼孩子的自立能力，让孩子参与力所能及的家务。让孩子做家务的重点不是把孩子当成劳动力，也不是让孩子变得多能干，而是通过这些生活细节，让孩子习得生存技能，有更多机会参与到家庭生活中，从而增进亲子之间的亲密交流，这样有利于培养孩子的责任感和自信心。

2. 给孩子独立的机会

孩子需要成长，需要独立面对问题，父母要多给孩子创造“自我做主”的机会，这样孩子才能摆脱对父母的依赖。当孩子成功做完一件事时，父母应及时给予孩子鼓励，以培养孩子的自信心。给孩子独立的机会，放手让他们去成长，这才是智慧型父母的教育方式。

3. 父母适当示弱

示弱也可以说是装傻。示弱应包括两个方面，一是“假的”要真。就是说，父母和孩子都能做、会做，甚至父母还要做得好的，父母要装着自己不会并且要装得像，让孩子去做，并及时地鼓励孩子，让孩子感觉到自身的价值，从而激发起成就感和自信心，提高生存能力。二是“真的”要诚。在当今这个知识信息时代，有些孩子的信息量可能比父母还大，面对不理解的新事物，家长应该真诚地拜孩子为师，虚心向孩子学习，切不可不懂装懂、愣装权威，放不下做父母的架子。

4. 培养孩子独立解决问题的能力

父母平时应多为孩子创造条件，使孩子有机会与成人，尤其是与同伴相处，从而学会处理人和人之间的关系。虽然父母帮助孩子独立解决某个问题可能比父母自己解决所花费的时间更多，并且需要极大的耐心，但是这种付出却能保证孩子较早学会独立生活，并使孩子终身受益。

第五节　培养孩子的责任感

责任是一种精神，更是一种品格。责任感是一种自觉主动地做好分内分外一切有益事情的精神状态。责任感与一般的心理情感所不同的是，它属于社会道德心理的范畴，是思想道德素质的重要内容。

责任感对孩子的全面发展和健康成长，都有着不可估量的催化和促进作用。一个没有责任心的孩子，即使再聪明，再有能力，长大以后也难以成才。因此，培养孩子的责任心，是关系到孩子将来的命运，决定着孩子人生的大事。

责任感从本质上讲既要求利己，又要利他人、利国家、利社会，而且当自己的利益同国家、社会和集体的利益相矛盾时，要以国家、社会和集体的利益为重。人只有有了责任感，才能具有驱动自己勇往直前的不竭动力，才能感受到自我存在的价值和意义。

一家公司招聘员工，经过笔试和面试后，有三人过了关。但公司规定，还要经过一周的试用期才能决定这三人的去留。在这一周的时间里，公司要求他们三人按时上下班，前三天搞调查研究，后两天写一份公司发展规划，周五下班前交给总经理。可是，第四天下午，总经理突然通知他们：由于情况有变，公司决定不招聘员工了。

这三人一听，都很失望。A君当着总经理的面把没写完的规划撕得粉碎，愤然离去；B君发了几句牢骚也走了；C君思考了一会儿，没有走，继续写规划。第二天就是星期五，A君和B君早已不见了踪影，唯有C君照常来上班。有人问他："公司都已经不招聘员工了，那两个人都不来了，你还来干什么呢？"C君回答："反正在家也没事儿，闲着也是闲着。再说做事要有始有终，就剩这最后一天了，我怎么也得完成任务再离开，这样才问心无愧。"当C君把写好的"公司发展规划"交到总经理手里的时候，总经理连看都没看就对他说："你被录取了！"原来，这是公司故意安排的对应聘者责任心的测试和考验。

在日常工作和生活中，常常有这样一类人，他们头脑聪明也很能干，但工作业绩平平甚至常出纰漏，其中最主要的原因就是缺乏责任感；而另一类人并无过人之处，却事业有成，原因也很简单，他们对人、对工作有着强烈的责任感。

素质教育的核心是德育，而对学生的责任教育是素质教育的一项重要内容。学生只有具有报效祖国、报效人民、报效党、报效社会的责任感，才能真正成为有理想、有道德、有文化、有纪律的社会主义接班人。责任感是一个人有所作为，事业成功的基本因素。如果学生缺乏责任感，就难以担负起时代、国家赋予的重任。家庭和学校应该把责任心的培养作为生命教育的出发点。

我们常听到一些父母抱怨：现在的孩子做事很不负责任，油瓶子倒了都不扶起来，没有一点儿责任心。其实，这不能怪孩子，因为许多家长很少或者根本没有对孩子进行责任教育。

责任感的培养必须从小开始。作为家长，如果我们培养的孩子光有知识，没有责任心，就说明我们的家庭教育是失败的，对社会的发展是没有益处的。

培养孩子的自我责任感就是教育孩子对自己负责。其要点有三：一是对自己的生活负责；二是对自己的行为负责；三是对自己的学习负责。基本要求是自己的事情自己做，基本措施是让孩子分担家务。要让孩子对他人负责，必须先让孩子对家人负责；要让孩子对家人负责，必须先让孩子对自己负责。这既是做人的基础，又是人生目标的起点。

教子有方小课堂

初中生不仅对家庭、学校负有责任，同样对社会也承担着一定的责任。父母应该有意识地培养孩子的爱心和社会责任感。那么，如何培养孩子的责任感呢？家长可从以下几个方面入手：

1. 提高孩子对自己责任的认识

要培养孩子的责任感，非常重要的一点就是强化其对责任感的认识。父母可以通过平时生活中的一些事情，启发孩子对责任的认识。一个人只有知道了应该怎样做，并了解了为什么这样做，才有可能采取相应的行动。因此，培养孩子的责任感，必须首先提高孩子的认识。

2. 鼓励孩子勇于承担责任

要教育孩子树立在家中“一分子”的意识。既享受“一分子”的待遇，也要付出“一分子”的劳动。要让孩子学会承担家庭责任和集体责任，不但要让孩子自己的事情自己做，而且要做到：家里的事情帮着做，集体的事情一起做，不会的事情学着做。

3. 培养孩子的任务意识

一是委托孩子办一些事情，让孩子意识到完成别人交给的任务是一种责任，是守信的表现。教孩子完成任务的方法，直到掌握为止；训练孩子记住具体任务和完成任务的能力。二是实行家务分工，明确规定这项任务是交给孩子的，非他莫属，必须完成。三是要有要求、有检查、有鼓励、有惩罚。

4. 通过实践培养孩子的责任感

责任感是在完成一定任务的实践过程中逐渐形成和发展起来的，不是靠口头说教完成的，更不是父母包办代替所能奏效的。因此，父母要当好孩子的“场外指导”和“啦啦队员”，千万不要亲自替孩子参赛，千万不要剥夺孩子生活体验和道德实践的机会。要教育孩子对自己的行为负责任，要鼓励孩子勇于承担责任。

第六节　重视家庭礼仪教育

中国素有“礼仪之邦”之称。礼仪文明作为中国传统文化的一个重要组成部分，对中国的社会发展有着深远的影响。其内容非常丰富，涉及范围十分广泛，几乎渗透于古代社会的各个方面，如尊老敬贤、仪尚适宜、礼貌待人、容仪有整等。时至今日，现代礼仪与古代礼仪已有很大差别，我们应舍弃那些为剥削阶级服务的礼仪规范，着重选取对今天仍有积极、普遍意义的传统文明礼仪。这对于培养良好个人素质，建设和谐人际关系，营造文明的社会风气，进行社会主义精神文明建设等，具有重要意义。

礼仪伴随人的一生。在家庭中吃饭、说话，在学校里上课、开会，礼仪始终伴随左右，规范着每个人的言行。一个人只要与人接触，就要讲究一定的礼仪。礼仪存在于社交的方方面面，如日常生活礼仪、公共场所礼仪、各种颁奖礼仪、婚丧礼仪、约会礼仪、礼宾礼仪等。家长要教育孩子以礼待人，以诚待人，这是社会的要求，也是孩子健康成长的需要。

元朝时，有个人叫作胡石塘，很有才华，在当地颇有名气，但为人不拘小节。后来，他胸有成竹地到京城应试，元世祖忽必烈亲自召见他。上朝时，胡石塘的斗笠戴歪了，但他自己没有觉察。

忽必烈问他：“你平常所学的是哪些学问?”

“全是治国平天下的道理。”胡石塘自豪地回答。

忽必烈笑道：“你连自己的斗笠都戴不好，还谈什么治国平天下呢?”

结果，忽必烈没有任用他。原来，失礼是会使才华贬值的。

故事说明礼仪并不是可有可无的形式。讲究礼仪，是一个人思想觉悟、文化教养、品德修养程度的具体体现。如果不讲究礼仪，不注意仪表和行为细节，就会使自身形象贬值，甚至影响到前程。

礼仪是美妙的，美的仪表、美的语言、美的行为犹如和风细雨，使人心旷神怡；礼仪更是一面大镜子，能照出每个人在讲道德、有修养、会交往等方面的差距。

在现代社会，礼仪修养被视为一个人素质的重要组成部分。礼仪行为良好的人往往更容易获得他人的好印象和信任，从而获得更广阔的发展机会。家长在日常生活中应该注重培养孩子的礼仪素质，让孩子在成长过程中学会遵循行为规范，成为有教养的人。

教子有方小课堂

礼貌的语言和行为，对孩子的成长来说十分重要，它不仅可以让孩子获得好的口碑和人缘，还可以让他们更好地适应学校的生活。孩子良好礼仪素质的养成是一个长期的过程，需要家长的耐心和细心引导。

1. 建立家礼家规

家礼家规也就是家庭礼仪，是每个家庭成员都应该遵守的家庭生活规范和礼节、仪式。其内容可以涉及家庭生活的方方面面，如问候的礼仪、交谈的礼仪、进餐的礼仪、就寝的礼仪、待客的礼仪、作客的礼仪，以及热爱劳动，勤俭持家，相互尊重、关心、理解、诚实、信任的要求等。严格的家礼家规常常是一种无声的命令，对孩子的行为起着约束规范作用，对于提高家庭教育质量，促进孩子道德人格的养成有很大的影响。

2. 礼仪教育要严格

不管你懂不懂礼仪，重不重视礼仪，礼仪都无处不在。如果家长不重视对孩子无礼行为的矫正，孩子就会成为一个没有教养的不受欢迎的人。对孩子进行礼仪教育必须坚持严格训练，不见实效不收兵。有些家长因为疼爱孩子，下不了狠心。孩子一闹、一哭、一求饶，家长就心软了，导致孩子什么好习惯也养不成。训练时要强调“反复”二字，不反复训练难以形成习惯。训练还要强调“强化”。强化有两种形式，即正强化（表扬、奖励、肯定）和负强化（批评、惩罚、否定）。家庭教育中要特别注意运用正强化的手段。

3. 教育孩子讲文明

教育孩子根据不同对象和不同场合恰当使用礼貌用语，见到熟人要主动问好，在教室、走廊、阅览室、会场等公共场所不要喧哗；教育孩子具有良好的修养，不但要仪表美、语言美，更要心灵美；教育孩子热情待客，起立迎送，遇见老年人、比自己年纪小的人、病人、残疾人、抱小孩的人要让路，让座，行方便。

4. 教育孩子尊重他人

教育孩子尊重他人，进他人房间先敲门，经允许后再进入。不私自动用他人的物品，不偷看他人的信件和日记，不随意打扰别人的谈话，不打扰他人的学习、工作和休息。要尊重他人的宗教信仰和民族习惯。遇见外宾要以礼相待，不围观尾随，不指手画脚，不议论讥笑。

第二章　家庭健康教育

健康包括身体和心理两个层面。身体健康是指人的主要脏器无疾病，身体形态发育良好，体形均匀，人体各系统具有良好的生理功能，有较强的身体活动能力和劳动能力，对疾病的抵抗能力较强。心理健康是指心理的各个方面及活动过程处于一种良好或正常的状态。心理健康的理想状态是保持性格良好、智力正常、认知正确、情感适当、意志合理、态度积极、行为恰当、适应良好的状态。按照全面的健康观，或者说是现代健康观来解读，健康是指一个人在身体、精神和社会等方面都处于良好的状态。传统的健康观是“无病即健康”，现代人的健康观是整体健康。世界卫生组织提出，健康不仅是躯体没有疾病，还要具备心理健康、社会适应良好和有道德。因此，现代人的健康内容包括躯体健康、心理健康、心灵健康、社会健康、智力健康、道德健康、环境健康等。

第一节　守护孩子的身体健康

2007 年，“全国亿万青少年学生阳光体育运动”全面启动。“每天锻炼一小时，健康工作五十年，幸福生活一辈子”等口号家喻户晓，深入人心。近年来，除了大家所熟知的智商、情商和财商，越来越多的家庭开始注重从小培养孩子的“体商”，提高其对体育锻炼的热心程度，以及参与运动的水平。在我国，“健康是最大的财富，锻炼是最好的药方”已成为越来越多的人的共识。

健康自家庭开始。保证孩子身体健康发育是家庭教育的首要任务。家庭健康是社会健康的基石。拥有健康，一切才有意义。

小军是一个性格内向的孩子。上初中后，因为小军个子比同龄孩子矮一点儿，体质也不好，经常生病请假，他有些自卑，更加寡言少语。同学们似乎也不太愿意和他一起玩。为此，小军十分苦恼。

爸爸了解到小军的苦恼后，对他说：“小军，虽然你体质不好，但你可以加强锻炼，身体好了后，自然也会长高的。从明天开始，爸爸陪你一起晨跑！”

小军为难地说：“我没有劲儿，怕跑不动……”

爸爸鼓励他说：“正因为你体质不好，才更需要锻炼。相信经过一段时间的锻炼，你会发现一个不一样的自己。”

“真的吗？”小军疑惑地问。

“当然是真的！”爸爸肯定地说。

于是，小军开始了体育锻炼。在坚持锻炼一段时间后，他的体能和意志力不断增强。半年之后，在学校举行的一次体育比赛中，小军获得了长跑第一名。刚从比赛场上下来，同学们就涌过来把他围了起来，小军感觉特别自豪，也更自信了。从此，小军做什么都更有劲头了，不仅和同学的关系更加融洽，学习成绩也不断提高。

家长指导孩子开展体育活动，不仅能使孩子的身体得到锻炼，体能得到增强，给孩子带来快乐，而且还能培养孩子的意志力和促进孩子智力的发展。如果仅仅是因为怕孩子受伤而限制孩子的活动，那将会给孩子的身心发展带来损失。

没有健康，遑论成败。我们要工作，要生活，要有幸福，必须先有健康。随着时代的飞速发展，越来越多的家长认识到“健康的身体比什么都重要”。只有孩子体质健壮、精力充沛，才能更好地适应学习和生活。

教子有方小课堂

健康是家庭最大的幸福，寻找健康之路是当今人类的共同愿望。保证孩子身体健康发育是家庭教育的首要任务。初中生身体素质的提高需要长期的坚持和努力，家长应该积极参与到孩子的健康管理中来，为孩子营造一个健康的学习和生活环境。

1. 给予孩子细心的照顾

父母想让孩子健康地成长，就要给予孩子细心的照顾，给孩子提供安全、舒适的生活环境，比如确保孩子的居住环境干净整洁，床上用品、衣物等要经常清洗消毒。

2. 营造良好的家庭环境

家庭环境的建设，也分为家庭硬环境建设和家庭软环境建设。家庭硬环境建设，主要是创造良好的物质条件。当然硬环境是一个相对稳定的因素，它对孩子健康成长的作用有限，而家庭软环境对孩子的发展起着更直接、更根源的作用。加强家庭软环境建设，是预防和减少青少年心理健康等问题的关键所在。软环境主要涉及父母的教养方式、家庭氛围和家庭的风气等。

3. 保持孩子的膳食平衡

保持营养均衡是维持健康身体的基础。初中生正处于长身体的阶段，对能量需求量大，建议每天保证三餐营养均衡，多吃蔬菜水果、粗粮和瘦肉等健康食品，少吃零食以及高脂肪、高糖分食物。

4. 引导孩子坚持运动

运动是提高身体素质最有效的方法之一。初中生可以利用下课及放学等空余时间跑步、做操，或是选择适合自己的运动方式，如游泳、打球等。每周进行 3 ~ 4 次，每次 30 分钟左右的运动，可以有效地增强身体素质和免疫力。

5. 家长要掌握一些保健知识

有的家长只要孩子有一点头疼脑热，就会心疼，舍不得孩子受罪，恨不得让孩子立刻好起来，于是采取各种措施，做各种检查、吃药，甚至要求医生马上安排住院输液。

针对“小病自己疗，大病进医院”的健康趋势，父母应该学一点保健知识，防患于未然。当孩子生病时，家长先不要急，要用心观察孩子的情况，同时结合医生的建议，帮助孩子对抗病毒。

第二节　关注孩子的发育情况

青春期是个体由儿童阶段发展为成年阶段的过渡时期，是人身心发展的重要时期。

青春期的女孩大约从 11 岁开始到 18 岁，男孩大约从 13 岁开始到 20 岁。青春期的特点是生长发育在性激素的作用下明显加快，体重、身高增长幅度加大，第二性征逐渐明显。此时，一方面由于神经、内分泌调节不够稳定，常引起心理、行为、精神方面的不稳定；另一方面由于接触社会增多，遇到不少新问题，外界环境对个体起着越来越大的影响。

小琳今年 14 岁，在兄妹 3 人中排行老二。小琳的父母都在外地打工，由于工作繁忙，已经很久没回家了。趁着假期，小琳便来到父母打工的地方找妈妈。一见面，小琳的妈妈才感觉不对，孩子都已经 14 岁了，怎么这么矮呢？于是，她便带着小琳来到当地的儿童医院就诊。

刚一见面，医生还以为小琳是个七八岁的孩子，一经询问，才知道小琳已经 14 周岁了，但小琳的身高只有 128 厘米，比同龄孩子矮了近 30 厘米，这是怎么回事？

接诊后，医生得知，小琳的哥哥和弟弟的身高都正常，于是考虑小琳可能是内分泌系统出了问题。经检查，原来小琳患有先天性甲状腺功能低下、生长激素缺乏，且已经进入青春期，幸好发现及时，小琳的身高还能改善。针对小琳的症状，王医生制订了相应的治疗方案。经过治疗，小琳身高长到了 148 厘米。

医生表示，小琳增长了 20 厘米的身高主要原因还是她积极配合治疗，并按时复查，每天坚持运动、保证充足睡眠，而且 148 厘米不是小琳的最终身高，毕竟她的骨龄才 12.5 岁，还能再长，并预测小琳的成年身高在 155 厘米左右。

故事反映了孩子身高发育异常的情况。无论是孩子早熟，还是发育迟缓，抑或是发育异常，家长一定要及时带孩子就医，身高干预治疗的最佳时期是3~12岁。

初中生发育异常主要包括两个方面：一个是器官以及骨骼的发育；另一个就是第二性征的发育。器官和骨骼的发育异常表现为身高异常，如身高过矮或者是过高，而器官系统的发育异常，则表现为多种多样，如心脏发育的异常，可能会出现动脉导管未闭、室间隔缺损、房间隔缺损或者心律失常等，不同的器官系统均有发育异常的具体表现。

另外一种发育异常就是第二性征的发育异常。第二性征取决于性腺的发育，如果染色体异常，性腺就有可能出现异常，表现为生殖器官的异常等。

青春期是生长发育的重要时期。如果孩子比同龄孩子的性征发育明显延迟，则可认为是青春发育延迟，即女孩到了13岁时乳房还未发育，或到15岁还未出现骨骼生长突增的情况；男孩如果在14岁时睾丸还未发育，或在16岁时还未出现身高增长加速的情况，则可考虑为青春发育延迟。孩子的发育若偏晚一两年也属于正常现象，家长不用着急。但是，发育太晚就要引起重视了。

教子有方小课堂

初中阶段是孩子身体发育的关键时期，家长一定要关注孩子的生长发育情况。

1. 重视孩子的体检

定期给孩子做体检是每个家长的责任。孩子从一出生起就应该建立健康档案，每年做一次全面体检并记录在案，这样可以随时了解健康状况，了解孩子的生长发育和营养状况是否符合正常指标，从而有的放矢地进行疾病预防，发现异常情况能够及时到医院诊治。

2. 保证充足的营养

初中课程相比小学会增加很多，这个时候的学习会比较费脑，而且身体需要大量的营养物质，孩子需要保持充足的营养摄入，否则很可能影响大脑的反应速度，或者身高增长缓慢。

3. 督促孩子保持良好的睡眠

初中生由于学习压力大，睡眠不足的现象较为多见。睡眠是身体恢复和健康维护的关键。中学生每天应保证 8 小时的睡眠时间，以充分休息和恢复身体机能。建议在睡前不要使用电子设备，以免上瘾，占用睡眠时间。

4. 加强体育锻炼

适当的运动，可以促进机体代谢，排除身体废物，增强体质。同时，让孩子练就一个强壮的身体，也有利于提高孩子的免疫力，促进生长发育等。

第三节　培养孩子良好的生活习惯

习惯有好坏之分，好的生活习惯是强身健体的保障，是开启成功大门的要素，而不良的生活习惯则会让人偏离方向，错失良机，更可能会导致失败。初中生正是锐意进取、奋力拼搏之时，拥有良好的生活习惯就显得更为重要，因为它不仅能为孩子的拼搏保驾护航，更能为其提供源源不断的动力。

故事一：在日本，有一家食品公司要招聘一位卫生检测员。一位衣冠楚楚、气度不凡的年轻人自信地走进了总经理办公室。年轻人优雅的谈吐、扎实的专业知识赢得了总经理的好感，没想到就在年轻人转身离去的时候，他下意识地抠了一下鼻孔，这个不起眼的小动作并没有逃过总经理的眼睛。结果可想而知了，一个没有良好卫生习惯的人怎么能够做卫生检测员呢？

故事二：20 世纪 60 年代，苏联发射了第一艘载人宇宙飞船，宇航员叫加加林。当时挑选第一个上太空的人员时，有这么一个小插曲：几十个宇航员去参观他们要乘坐的飞船，进舱门的时候，只有加加林一个人把鞋脱下来。他觉得，这么贵重整洁的飞船舱，怎么能穿鞋进去呢？就是加加林的这个动作，让主设计师十分感动，他想，只有把这艘飞船交给一个如此爱惜它的人，自己才放心。在这位主设计师的推荐下，加加林成为人类第一个飞上太空的宇航员。因此有人开玩笑说：“加加林的成功从脱鞋开始。”

两个故事两种结局，形成鲜明的对比，都说明了卫生习惯的重要性。卫生习惯是生活习惯的重要组成部分，这两个故事既告诉人们具有不良生活习惯的害处，也告诉人们养成良好生活习惯的重要性。良好的生活习惯是健康的一种保障，同时，它也是我们幸福的来源。

一个品德良好的人，一定是一个具备良好生活习惯的人；一个学业有成的学生，必然具有良好的学习习惯，而良好的学习习惯一定是从良好的生活习惯中迁移来的。任何好习惯都是相通的。一个生活习惯不好的人，很难养成良好的学习习惯。所以，无论家长要培养孩子的什么习惯，都要把培养孩子良好的生活习惯放在第一位。

良好的生活习惯，其实就是一种有益于身心健康的生活方式，更是一种能充分保证体能的行为模式，其涵盖内容较多，主要包括饮食习惯、卫生习惯、运动习惯和睡眠习惯等。

良好生活习惯的主要作用有：一是能够节省脑力；二是能够节省时间；三是能够展示修养；四是能够提高智商和情商；五是能够奠定能力的基础；六是为良好的人格奠基。不良的生活习惯会使孩子的学习和生活一团糟，影响孩子健康和成长。

教子有方小课堂

生活习惯主要包括饮食、卫生、运动、睡眠等方面的内容。培养良好的生活习惯，不仅关乎当下的健康，更是一项持续的生命成长工程。良好的生活习惯是健康生活的基础，是使孩子受益不尽的巨大财富。家长要重视孩子良好生活习惯的培养，做到平时行为规范化，日常生活规律化。

1. 培养孩子良好的饮食习惯

饮食习惯是指人们对食品和饮品的偏好，其中包括对饮食材料与烹调方法以及烹调风味与佐料的偏好。良好合理的健康饮食习惯是保健的一个重要方面，可使身体健康成长、发育；不良的饮食习惯则会导致人体正常的生理功能紊乱而引发疾病。

2. 培养孩子良好的卫生习惯

良好的卫生习惯不仅仅是一个人精神风貌的体现，更是一个人思想觉悟、道德水平和文化素养的体现。养成良好的个人卫生和公共卫生习惯，可以预防疾病，促进身体正常发育，提高健康水平。而有些不良卫生习惯，不但有损自身形象，往往还会造成不可预知的后果。

3. 培养孩子良好的运动习惯

家长要引导孩子定期开展体育活动，形成良好的运动习惯。良好的运动习惯不仅能使孩子的身体得到锻炼，而且还能促进孩子意志力和智力的发展，提高学习成绩。如果因为怕耽误学习而忽视孩子运动习惯的培养，那将不利于孩子的身心发展。

4. 培养孩子良好的睡眠习惯

初中生要重视良好睡眠习惯的培养，一方面要摆正睡眠与学习的关系。休息好的人不一定学得好，但休息不好的人学习一定不好。避免或减少“垃圾睡眠”（边睡眠边听电子视听娱乐等），“垃圾睡眠”与“垃圾食品”一样，已经成为导致青少年不健康生活方式的一个重要成因。另一方面，作息要有规律，要学会自我调节，做到劳逸结合，按时作息。

第四节　防止家庭污染

污染是指自然环境中混入了对人类或其他生物有害的物质，其数量或程度达到或超出环境承载力，从而改变环境正常状态的现象。

从污染类型来看，可以把污染分为三种类型：一是生物性污染，包括细菌、真菌、过滤性病毒、尘螨、霉菌及军团菌等引起的污染。生物性污染易引起疾病感染及疾病交叉感染，特别是公共场合，呼吸道等流行性疾病更会造成大规模传染扩散。二是化学性污染。主要包括甲醛、苯、氨和烟味等引起的污染；甲醛可诱发鼻癌、血癌（白血病），苯会导致再生障碍性贫血和胎儿畸形，氨无色具强烈刺激性臭味，严重者可致肺水肿及呼吸道疾病等。三是物理性污染。主要是指尘埃、花粉等造成的污染。现在，初中生患哮喘、过敏性鼻炎、慢性支气管炎和肺炎的人数日益增多，都和这些污染有关。

随着人们生活的改善，危害人体健康的“杀手”也随处可见，并越来越接近人类的生活，即使在家庭居室内也有环境污染，这被称为家庭污染。家庭污染主要有人体污染、家电污染、建筑材料污染、厨房污染和杀虫剂污染等。

赵女士为了儿子读书，在城市里买了一套新房。房子装修好后，赵女士很快就搬了进去。但搬进去没多久，赵女士就开始咳嗽不断。

每当儿子放假，赵女士就会回到农村的老屋住上几天。让赵女士感到奇怪的是，在新房子里，喉咙就特别难受，老是咳嗽。回到老屋，上述症状就基本消失了。尽管如此，但照顾儿子的任务还是当务之急，她不得已还是住在城市里的新房里。

这两天，赵女士的咳嗽更加严重。儿子虽然在学校时间长，在新房时间短，但也出现了咳嗽的症状，于是娘儿俩去看了医生。医生得知赵女士家的房子刚刚装修后，建议她和儿子多到室外走走，呼吸新鲜空气，如果条件允许，就先搬离刚装修的房子一段时间。无奈之下，赵女士只好临时另租了一套房，陪儿子读书。果然不久后，赵女士和儿子的咳嗽症状就消失了。

一般来讲，新房装修以后，由于居室装修的油漆、地板、墙刷、家具、涂料、黏合胶等等都会散发一种无色有毒的气体，那就是人们常说的“甲醛”。当这些有害气体被挥发进入空气后，如果被人体长久吸入的话，很容易引起慢性中毒现象，而幼儿、孕妇、老年人对甲醛特别敏感，这就是故事中的赵女士产生呼吸道症状的原因。在家庭中，这样的污染只是一个方面，家庭污染的类型和污染源还有很多。

室内污染，对人可造成多种伤害。一是诱发血液性疾病。如医学研究证明，装修材料中的苯及一些未知气体跟白血病的发生有关。根据性别、年龄不同，对苯的敏感性也是不一样的。但专家指出，一般而言，孩子比成人更敏感。二是增加哮喘病的发病率。长期接触低剂量甲醛可能引起慢性呼吸道疾病。三是导致孩子铅中毒。室内装饰装修材料和儿童玩具所使用的油漆中的铅，构成了对室内环境的污染。四是影响孩子智力的发展。

教子有方小课堂

在我们的日常生活当中，想要孩子远离家庭污染，避免一些疾病的产生，家长一定要做好预防家庭污染的工作，尽量减少污染源的产生。

1. 每天开窗通风

每天开窗通风使空气流通，能加速甲醛挥发。开窗通风也可以让外面的新鲜空气进来，改善室内空气质量，保护家人的呼吸系统健康。

2. 种养绿色植物

种养绿色植物不仅能够调节室内温度和湿度，还可以净化空气，吸收室内的二氧化碳、甲醛、苯等有害物质，同时释放氧气，改善室内空气质量。

3. 讲究居室卫生

被褥、衣物等要勤洗勤晒；对家庭宠物要进行防病检疫，并定期清洗；同时，要合理使用清洁剂、消毒剂和化妆品、洗发剂，少用杀虫剂、灭菌剂等。

4. 避免室内吸烟

烟草烟雾包括69种一类致癌物质和172种有害物质，除可致肺癌、心脏病及支气管炎和哮喘外，还是室内空气污染的重要源头。在有人吸烟的室内，来源于二手烟中的微颗粒物占室内PM2.5总量的90%左右。一口香烟吸进去的颗粒，几乎100%都属于PM2.5，二手烟受害者的程度与吸烟者一样。

第五节　家庭异常精神环境的矫正

精神环境是社会环境的一个重要组成部分。精神环境随时记录着每个人的言行，储存着每个人的信息，将人们的精神活动凝结为社会的精神状态、精神面貌和社会风气等。在精神环境的互动过程中，每个人在不断地受到他人的影响的同时，也在影响他人，使每个人置身于精神环境之中，受其熏陶、感染和陶冶。精神环境的质量，将直接影响社会的进步和个人的全面发展。

孩子成长的环境总的来说可以分为物质环境和精神环境。物质环境主要是满足孩子生命和体力、智力发展所需要的一切物质资料。精神环境是指软环境，它诉诸人的内在情绪和感受。在日常生活中，我们常把这种非物质的精神环境称为家庭氛围。

家庭精神环境是指孩子意识、思维、心理、情感等精神活动发展所需要的精神要素，包括家庭成员间互动形成的人际关系和心理氛围，以及家庭成员的道德观念、价值取向、审美情趣等。家庭精神环境对于孩子的成长有着极大的影响。随着人们生活水平的提高，每个家庭都十分注意孩子的生活、学习等物质环境的改善，相比之下，对其精神环境的改善则重视不够。其实，儿童良好的心理素质、高尚的品德修养、健康的行为习惯主要来源于精神环境的培养。调查发现，绝大多数成绩不好的孩子，不是因为智力不行，而是因为受不良的家庭精神环境影响。一些父母将居室布置得漂亮干净，却忽略了家庭的精神环境。他们自觉或不自觉地制造精神垃圾，侵蚀、毒害了孩子纯洁的心灵，严重影响了孩子的身心健康。

少年犯小斌原是某重点初中的学生，因几分之差未考取重点高中，常受到父亲的讽刺、挖苦。虽然他向父亲表示，一定会努力考取大学，但父亲仍多次训斥。小斌在又一次受到父亲奚落之后，忍无可忍进行反驳，被父亲打了一记耳光。小斌负气出走，一周后被拉入偷窃团伙，后因犯案被抓。父亲的“一记耳光”把他打进了监狱。

有些父母脾气暴躁，性情偏执，开口就骂，举手便打。在家庭生活中，孩子便成为父母坏脾气的主要受害者，常常被父母的大发雷霆吓得胆战心惊。父母的坏脾气，对长期生活、成长在自己身边的子女影响甚深，一般会造成两种结果：一种是由于孩子害怕父母，长期生活在恐惧的环境中，性格变得懦弱；另一种是孩子遭受家庭暴力后产生逆反心理，从父母那里学会了发脾气，学会了使用暴力，性格变得强势，具有攻击性。

有研究表明，暴风雨般的愤怒，持续时间往往不超过12秒，爆发时摧毁一切但过后却风平浪静。如果控制好这12秒，就能排解负面情绪。发脾气是人的本能，但控制好自己的负面情绪，那就是父母需要修炼的了。

教子有方小课堂

营造一个美满和谐温馨的家庭精神环境，让孩子在健康的环境中快乐成长是我们每一个父母的责任，因此，作为家长要充分理解其重要性，要清扫家庭精神垃圾，营造和谐的家庭心理氛围。

1. 家庭关系要和谐

有些人认为，家长吵架是大人的事，和孩子没关系。其实不然。一个家庭，如果夫妻间感情不融洽，关系紧张，势必危害孩子的身心健康。家长经常吵架，受伤害最大的是孩子。因为，在恶劣的家庭气氛中生活，孩子没有安全感，纯真活泼的天性会受到压制，饮食、睡眠、学习、游戏都会受到不同程度的影响，身心受到摧残，容易将自己封闭起来，形成自私、狭隘甚至偏执的性格。夫妻间争吵打架还容易误导孩子，使其产生暴力倾向。

2. 家长不要对孩子期望过高

父母往往望子成龙心切，对子女寄予一定的希望，这是可以理解的。但父母们不要一厢情愿地把自己的愿望强加给孩子，一定要考虑孩子的实际情况，量力而行，不要透支孩子的体力和智力，更不要一时失望就采取棍棒教育。棍棒教育往往容易造成孩子的逆反心理，尤其是处于青春期的初中生。孩子在无法承受太大压力和家庭暴力的情况下很可能会离家出走，以致误入歧途。

3. 家长的人生态度不能消极

有的家长经常在孩子面前谈论社会上出现的不正之风、道德沦丧等阴暗面，发牢骚、讲怪话，怨气连天；有的家长甚至向孩子宣传拜金主义、享乐主义、利己主义等消极人生观……长此以往，孩子的思想、情感、性格等就会受到消极影响，从小就沾染不良的习气，长大以后就会缺少社会责任感和远大志向，目光短浅，不求上进，看问题偏激，情绪不稳定。这样的孩子难以成为对社会有用的人，甚至难以在社会上立足。

4. 家长要改掉不良习惯和嗜好

家长不可将自己生活中的一些不良习惯看成小事，这对孩子的身心健康影响深远。父母如果懒散、贪睡、不讲卫生，孩子会看在眼里，记在心里，学到身上。有位教师发现一个有趣而又发人深思的现象：班级里那些个人卫生差的学生，其家庭卫生往往也较差。可以说，孩子的不良习惯主要来自家庭。

第六节　培养孩子良好的社会适应能力

社会适应能力是指人为了在社会更好地生存而进行的心理、生理以及行为上的各种适应性的改变，与社会达到和谐状态的一种适应能力。一般认为社会适应能力包括以下方面：个人生活自理能力、基本劳动能力、选择并从事某种职业的能力、社会交往能力、用道德规范约束自己的能力。社会适应能力是一个人综合素质能力高低的间接表现，是人这个个体融入社会、接纳社会能力的表现。

社会适应是个人为与环境取得和谐的关系而产生的心理和行为变化。它是个体与各种环境因素连续而不断改变的相互作用过程。社会适应能力的高低，从某种意义上说，表明一个人的成熟程度。

据说有一年，一批毕业生应聘微软公司时，遇到了一道听起来似乎让人完全摸不着头脑的面试题（据说是比尔·盖茨亲自拟出的）——怎样移动富士山？

毕业生们个个抓耳挠腮、冥思苦想，八仙过海、各显神通，于是有了五花八门的应答。

答案一：用1000艘巨型航母牵拉，肯定能移动富士山；

答案二：制造一次人工地震，地壳一运动，富士山就移动了；

答案三：利用杠杆原理，理论上可以移动富士山；

答案四：发扬“愚公移山”精神，祖祖辈辈挖山不止……说不定，哪一天感动了上帝，富士山就被移走了；

…………

在千奇百怪的答案中，下面是其中被通过的面试者的答案。

答案一：把富士山复制下来，放在照片上移动；

答案二：富士山不过来，我就过去。

而对此，比尔·盖茨的解释是：它没有固定的正确答案，我只想了解这些年轻人有没有按照正确的思维方式去思考问题。

社会适应不是一个抽象的概念，社会适应过程实质是一个个体不断社会化的过程。一个生物的人成为一个社会的人，他必须适应自己所生活的社会变化，他要在与他人的交往中逐渐形成自我观念，协调人际关系；他要学习和体验社会角色，学会承受各种挫折；他在个体社会化的过程中必须面对各种冲突，并学会理解和妥协、协作与竞争；他要学习各种规则和价值观，这种不断学习、不断调适的过程就是一个社会化的过程，也是一个个体不断提高社会适应能力的过程。

一个人，当你不能改变对方、不能改变环境时，就应该试着改变自己——在改变自己的同时，改变对方和环境也就在其中了，原来的不适应也就变得适应了。这就是社会适应。

一个人如果没有适应和应变的能力，根本无法生存。可以说，适应和应变能力决定着一个人的生存能力，也决定其生活质量和幸福感的程度。所以，从某种意义上看，适应能力即生存能力。只有适应才能生存并且发展。

对于正处在学习、成长中的初中生来说，当他来到一个新的生活环境，接受新的学习挑战，遇到新的人际关系，尤其遇到挫折和失败时，感到茫然、苦恼、困惑是常有的事情。但事实上，挫折也是有价值的，它可以锻炼孩子的适应能力并转化为促使孩子成长的人生经验和机遇。因此，培养和提高孩子的适应能力以及承受挫折的耐受力，在高速发展的今天显得十分重要。

教子有方小课堂

个体在成长的过程中，要从“自然人”变成“社会人”，才能适应社会，这是高质量生活的前提。在孩子成长的过程中，总会出现这样那样的“不适应”。培养孩子的社会适应能力有利于孩子个性的形成和完善，有利于孩子健康心理的培养和发展。

1. 培养孩子的心理适应能力

在当今激烈的社会竞争中，心理素质的优劣往往决定孩子生活、学习、事业的成败，而心理素质的核心内容之一便是心理适应能力。它对于提高孩子的综合素质，有着举足轻重的作用。只有孩子具备了良好的心理适应能力，才能更好地适应社会环境，并对自己所处的环境做出积极的反应。

2. 让孩子学会自我调控不良情绪

孩子的情绪会决定孩子的性格及做事的态度，还会决定孩子的人际交往关系是否和谐、人格是否完善。父母要给予情绪不好的孩子适度的关怀和理解，教孩子学会调节情绪。孩子学会了调适自己的情绪，才能更好地适应各种各样的环境，拥有良好的人际关系。

3. 要引导孩子主动接触社会环境

适应社会环境分为主动适应和被动适应。被动适应会表现出对环境的无可奈何，产生消极、忧郁、焦虑，甚至逃避的负面情绪；主动适应则能发挥自己的主观能动性和无限的创造力，努力克服各种困难，有意识地锻炼自己，以积极的态度应对变化，并且愿意用新的方法去做或者看待某事，从而产生积极向上、愉快、充实的正面情绪，这不仅能够使孩子很好地适应环境，也有利于身心健康。

4. 引导孩子积极调整自我

孩子在接触社会环境的过程中，肯定会遇到或产生社会环境和自身条件之间的矛盾或冲突。遇到这种情况，家长应引导孩子学会审时度势，选择有利的环境条件，抓住机遇，同时积极地调整自我，学习有关的技能和应对的技巧，提高自身的挫折承受能力、自我调节能力、沟通理解能力、应激反应能力和独立处理事务的能力等，学会更快、更好地适应环境。

第三章　家庭安全教育

安全是人类生存的需要，它关系到人的身心健康，是人类发展的保障条件之一。没有生命安全就谈不上人的正常发展。安全教育是家庭教育的重要内容。没有安全就没有快乐，没有家庭幸福和社会安宁。生活中，潜在的不安全因素来自各个方面，比如交通、玩耍、踩踏、煤气、水、冰、电、雷雨、不法分子的抢劫、拐骗等。因此，家长要在平时的生活中，提醒孩子需要注意的问题，给孩子讲述一些预防的方法，以及告诉孩子如果发生意外时，应该采取怎样的措施来实现自救等。相信这种润物细无声的方式和防微杜渐的最佳策略，能使这些安全防范常识深深地在孩子心中扎根，让孩子从中受益。

《中华人民共和国未成年人保护法》规定，对未成年人的保护主要包括四个方面：家庭保护、学校保护、社会保护和司法保护。这些保护虽然重要，但都是外部的，而最重要的保护方式应该是自我保护。自我保护能力是孩子们健康成长的必备能力。只有学会自我保护，远离危险，我们的孩子才能拥有幸福，享受美好的生活。因此，对孩子开展自我保护和安全求助常识的教育，是每一个家长必须履行的义务，也是每一个家长义不容辞的责任。

第一节　家长是孩子安全的第一责任人

对于担负监护责任的家长而言，应该始终牢记家长是子女安全的第一责任人。在一起起儿童受到伤害的事件中，“怪政策，怪设施，怪别人”都不是理性负责的态度，作为与孩子相处时间最长、担负言传身教之责的家长们，多一些守护、多一些教育，真正把安全知识放在心上，使孩子学会“不立于危墙之下”，往往能避免许多悲剧的发生。

家长要树立“保证孩子人身安全是第一要务”的理念，不仅要保证孩子有健康的身体、健全的人格，还要有和谐的人际关系和适应社会的良好心态。教给孩子把握“两害相权取其轻”的原则，遇到危险和突发情况时，注意人身安全是最重要的。

初中生小壮周五放学回家时，他的父亲李先生开着农用三轮车来接他。但是，两人在路上不知为什么事吵起来了，父亲的话儿子不听，儿子也说服不了父亲，结果，小壮一气之下就跳了车，最后不治身亡。

几天后，李先生跑到学校大吵大闹，要求百万元的巨额赔偿。结果不如愿，李先生就寻衅滋事，大打出手，不仅将校长打伤，还导致学校教育教学工作无法正常进行。李先生闹事的理由是“学校为什么周六不补课？补课了，小壮周五就不用回家，不回家就不会死。学校必须对此给一个说法和交代！”

面对家长的无理取闹，学校只好报警。警方把李先生带走后，学校才恢复了正常的教学秩序。

故事乍听起来很是荒诞：一个家长自己造成的责任事故，却怪罪给学校。在这起事故中，家长显然存在诸多问题。用农用三轮车接孩子本身就不安全，后又因父子斗气造成事故，自己应该承担全部责任。而他反过来指责学校，认为发生这起悲剧，是学校周六不补课的原因。殊不知周六不补课，是素质教育的体现，也是教育制度的规定。到学校寻衅滋事，大打出手，更是触犯了国家相关法律。

仔细想来，类似事件绝非偶然现象。有相当一部分家长，把学校当成了无限责任公司，误以为只要孩子进入学校，学校就应该承担其全部的生命安全责任，只要学生出了事就将矛头对准学校。这不能不说是安全教育的一个误区。

安全教育是一项复杂的系统工程。学校当然义不容辞地要加强学生安全教育，但学校是未成年人最集中的地方，容易出现安全问题，单靠学校一方显然不能保证万无一失。政府、社会和家庭也应该加强未成年人的生命安全教育，提高孩子的安全防范意识，配合学校搞好学生的安全工作。只有各负其责，齐抓共管，才能杜绝安全隐患。孩子的第一监护人和安全第一责任人是父母。作为父母，不仅要承担其基本的养育义务，还要对孩子的安全问题担负起看护的主体责任。

类似这样因家长看护不力，而导致孩子发生意外的新闻还有很多，在一些未成年人意外事故中，许多父母都会把责任推给学校或其他另一个责任方，而不是第一时间检讨自身是否对孩子履行了应尽的监管保护义务。就安全教育而言，做一个称职的家长，增强安全意识和责任意识是最重要的。

教子有方小课堂

家长作为监护人，要将“珍爱生命，安全第一”放在教育孩子的首位，应切实担负起孩子的安全教育职责，不仅要关心孩子吃得怎样、学得如何，更要时刻提醒孩子不要参加可能造成人身伤害的活动，增强他们的安全意识。

1. 安全教育要从家庭开始

家庭是安全隐患风险最大的地方。因此，家长要为孩子提供一个安全、稳定和温暖有爱的家庭环境，通过对居家环境进行安全化的设计和规划，对易发生事故的重点位置进行专业处理，并结合安全产品的使用，消除居家环境中的各种隐患，让孩子有安全感。

2. 家长要增强安全意识和能力

家长要增强安全意识，学习安全知识，给孩子做好榜样。在生活中，总是会发生很多意外，作为家长，要掌握一些急救技能，如烫伤、烧伤、摔伤等初步处理方法，防止孩子因意外伤害不能得到及时救援。

3. 对孩子进行安全知识教育和避险方法指导

家长可以结合一些案例，对孩子进行警示教育，告知待人处事过程中的一些潜在危险。如制止、纠正孩子可能会引发人身伤害的或有悖于社会公德的想法和做法，教育孩子遵守交通规则和公共秩序，教育孩子不得夜不归宿，结合日常生活教给孩子避免危险和逃生的方法，如遇到火灾时如何逃生，遇雷雨天如何避雷击等，让孩子树立自我保护意识，学会自护自救的本领。

4. 经常与老师保持联系

安全教育是一项长期且艰巨的任务，它需要家校双方合作，共同努力。作为家长，要经常与老师沟通，了解孩子的在校情况，出现问题时，要弄清真相，冷静处理，不要不分青红皂白就指责老师，而要同老师一起妥善解决问题。

第二节　防溺水要警钟长鸣

近些年来，我国未成年人溺水事件频发，其死亡率居高不下，溺水已经成为我国未成年人因意外事故死亡的第一大原因。纵观未成年人溺水案例，溺水事故的发生大多不是由单一因素造成的，往往是多个风险因素共同作用的结果。

所谓“水患猛于虎”，溺水惨剧的发生都是由于孩子们对江河的危险性没有足够的认识，在河边玩耍，甚至到江河游泳。

溺水是一种非常危险的事故，可能导致人员死亡或者身体受到不可逆的伤害。因此，防止溺水事故的发生，保护生命安全，是防溺水的首要目的。防溺水的宣传和教育，可以提高人们的安全意识和自我保护意识，增强自我保护能力，避免溺水事故的发生。

防溺水是安全教育中的一个重要项目，虽然年年讲，似乎是老生常谈，但有些家长仍然不够重视，或者抱着侥幸心理，这是非常危险的。作为家长，一定要紧绷“安全第一”这根弦，做到警钟长鸣，常抓不懈。

某双休日，一所中学的5名学生相约到其中一名学生家过周末。吃完午饭后，大家感觉天气有些热，便商议一起到江边游泳。3名胆大的学生率先下水，另2名胆小的学生有些害怕，还在岸上犹犹豫豫。

不一会儿，率先下水的3名学生在走入江中10多米远的地方，遇上了深沟，3人同时跌入深水中。看到他们在水里拼命地扑腾，岸上的2名学生大声喊："快救人啊……快救人啊！"可是水火无情，等附近村民赶来时，这3名学生已经被江水吞没了……

故事中，因为意外溺水死亡事件，花季少年的生命消失了，这也是我国近几年时有发生的中小学生溺水事件的一个缩影。分析这起溺水死亡事件的发生，主要有以下几个原因：一是孩子的安全意识淡薄；二是孩子高估了自身的体能或者对水域实际情况不了解，这些因素都会带来危险；三是家长对学生的监管不到位。

据调查，溺水是儿童意外伤害的首要原因。溺水死亡事故多发生在周末、节假日或放学后；多发生在无人看管的江河、池塘等野外水域；多发生在学生自行结伴游玩的过程中，有的是结伴游泳溺亡，有的是为救落水同伴溺亡。每年夏季是溺水事故高发的季节，孩子的暑期安全教育仅仅停留在口头讲讲"注意安全"的层面是不够的，必须有切实可行的措施。安全作为社会的系统工程，需要全社会的关注。尤其是中小学生的安全教育，很多时候需要学校、家庭、社区、街道等密切配合，其中家长的安全意识和能力以及青少年的自我保护意识、安全意识、危机意识的培养以及避险技巧的培训尤为重要。

教子有方小课堂

家长任何时候都不要让孩子在无监护的情况下游泳。以下这些防溺水安全知识，请一定要带着孩子一起认真学习！

1. 要求孩子做到“四个牢记”

（1）天气再热，不到河塘去降温；

（2）水景再美，不到水中去感受；

（3）水性再好，没有保障别下水；

（4）别人再劝，不用生命去逞能！

2. 要求孩子牢记“六不”

（1）不私自下水游泳；

（2）不擅自与他人结伴游泳；

（3）不在无家长或教师带领的情况下游泳；

（4）不到无安全设施、无救援人员的水域游泳；

（5）不到不熟悉的水域游泳；

（6）不熟悉水性的学生不擅自下水施救。

3. 教给孩子溺水的自救方法

（1）保持镇静，不要手脚乱蹬拼命挣扎，要节省体力，并去除身上的重物。

（2）采取仰卧位，让自己的头部使劲儿往后靠，使鼻部露出水面呼吸。呼气要浅，吸气要深。

（3）不要试图将整个头部伸出水面，对于不会游泳的人来说，这种做法将使自己更加紧张和被动。

（4）当救助者出现时，绝不可惊慌失措去抓抱救助者的手、腿、腰等部位，一定要听从救助者的指挥。

（5）被水草及其他水下杂物缠住时，应深吸气后屏气钻入水中，睁眼观察被缠绕之处，同时用双手帮助慢慢解脱缠绕，切勿挣扎。

（6）接近障碍物造成的漩涡时，应立刻放平身体俯卧浮于水面上，沿着漩涡边，用爬泳的方法借力顺势快速摆脱漩涡。如果已经进入漩涡并被拽入水下，应立即屏气，尽量蜷缩身体，双手抱头。当旋转解除后迅速划水使自己上浮。

4. 让孩子知道怎样救助他人

（1）水中的救援方法

必须明确：救援者自己的安全必须放在首位。①借物救援：在距落水者的距离较近（数米之内），同时落水者还清醒的情况下，借助某些物品（如竹竿、木棍等）把落水者拉出水面。②抛物救援：在落水者距离较远，同时落水者还处在清醒状态的情况下，向落水者抛投绳索及漂浮物（如救生圈、救生衣、救生浮标、木板、圆木、汽车内胎等）。③划船救援：在宽阔水域并且有救生船只的情况下，运用救生船只划到落水者身边进行救援，并且最好由受过专业训练的救援者参与营救。④游泳救援：只有在上述几种施救法都不可行时，才能采用此法。最好由水性好，同时熟悉和了解水情（如流速、水温等）的两个或三个成年人同时下水营救，这样既可以在水中相互帮助，又能降低救援危险。下水救援者必须有熟练的游泳技术，并应尽可能脱去衣、裤、鞋、袜，最好携带漂浮物如救生衣、救生圈、粗木棍等。特别提示：无论在何种情况下，未成年人都禁止下水营救。

（2）上岸后的救援方法

①拨打 120 急救电话。②清除溺水者口中的淤泥、杂草或呕吐物，保持其上呼吸道的通畅。③如溺水者呼吸、心跳已停止，在保持呼吸道通畅的条件下，立刻进行心肺复苏。④经现场急救，溺水者心跳呼吸恢复以后，脱去湿冷的衣物，以干爽的毛毯包裹其全身。⑤通过询问、观察、局部按压及触摸的手法自上而下地检查患者有无在水中受伤，如有外伤及时进行止血、清创及包扎。

第三节　意外伤害不容忽视

意外伤害是指因意外导致身体受到伤害的事件，包括中毒，窒息，溺水，交通事故，烧伤以及烫伤等六大类。按照保险业的常见定义，意外伤害是指外来的、突发的、非本意的、非疾病的使身体受到伤害的客观事件。

在儿童意外伤害中，排除不可预见的自然灾害和人力不可抗拒的重大事故，约 80%的非正常死亡是可以通过预防措施和应急处理避免的。安全事故已经成为少年儿童的第一死因。

我国现有 70 多部与少年儿童保护相关的法律，其中针对少年儿童的暴力、虐待及剥削导致伤害，均有涉及，唯独因监护失职（疏忽）导致严重后果的行为，没有法律支撑予以责任人惩戒。让少年儿童时刻处于安全的环境中，本应是父母必尽的责任。但很多时候，这却没被严格履行，而成为一种可有可无的选择。这也是许多少年儿童意外伤害事件的由来。

诸多教训已给人们一个警醒：避免少年儿童意外伤害事件的发生，每个家长都应认识到自己第一责任人的身份。

9月的一个晚上，15岁的中学生小文从学校上完晚自习后，骑电动自行车回家。途中，由于车速过快，小文撞到一名正在散步的行人陈某，致其身受重伤。交警部门认定中学生小文承担事故全部责任。陈某在重症监护室治疗了一年多还是不见好转，一直处于植物人状态。经法医鉴定，陈某因交通事故受伤构成一级伤残。事故伤者陈某光治疗费用就花了100多万元，后伤者家属将小文的父母起诉至法院，小文的父母被判决赔偿238万余元。

原来，小文的父母离异后，小文随父亲一起生活。由于父亲工作忙，每天都是小文自己骑电动自行车上学、放学的。对于这起交通事故，不少人认为是其监护人对孩子监管教育的缺失酿成的严重后果。

根据《中华人民共和国道路交通安全法实施条例》第七十二条，在道路上驾驶自行车、三轮车、电动自行车、残疾人机动轮椅车应当遵守下列规定：（一）驾驶自行车、三轮车必须年满12周岁；（二）驾驶电动自行车和残疾人机动轮椅车必须年满16周岁。一般来说，初中生是不能骑电动车上路的。

这主要是因为16岁以下的未成年人应对能力和控制能力较弱，而电动车操控的稳定性、刹车系统的安全性相对较差，遇到紧急情况时很容易引发交通事故。而且，16岁以下未成年人心智还不成熟，易冲动，骑车速度较快，甚至常有一些危险动作，如载人、追逐打闹、逆行、随意占用机动车道、随意变更车道、不遵守交通信号灯等违法行为，安全隐患很大。

电动自行车是人们日常生活中最常见的交通工具。但它在带给我们便利的同时，也带来了许多隐患和危险。为了孩子的安全，家长们要履行好教育和监护责任，坚决不给16周岁以下的学生买电动车，并且要保管好自己的电动自行车，加强对孩子的交通安全教育。

教子有方小课堂

家长是孩子的监护人，一定要切实承担起安全监护责任，要加强对孩子的教育和管理，坚持预防为主。

1. 对孩子加强安全教育

采取针对性的措施，教育孩子遵守交通规则，比如未满12周岁不要骑自行车出行，未满16周岁不要骑电动自行车出行，骑电动自行车必须佩戴头盔等。比如不在危险水域野泳、钓鱼，游泳时一定要有大人陪伴，以免溺水等。

2. 预防为主

大多数意外伤害事件是由于不小心、麻痹大意引起的，并非不可预防、无法控制。关键是要提高孩子的自我保护意识。作为家长，我们要对孩子加强安全教育，帮助他们认识潜在的危险，并采取适当的措施来预防意外发生。同时，家长应时刻关注孩子，及时纠正孩子的危险行为，并提供必要的安全指导。通过有效的预防，80%的意外事故可以避免。家长也可以最大限度地保护孩子的健康和安全，让他们快乐成长。

3. 家长要配合学校抓好安全教育

家长应当依法履行监护职责，配合学校对学生进行安全教育、管理和保护工作。在家校配合过程中，家长既不能把责任推给学校，也不要孤军作战，要履行好对子女的教育和监管职责，使学校、家庭对学生的安全教育“无缝对接”，呵护孩子健康、快乐、茁壮成长！

第四节　多运动的孩子更安全

教育孩子时，许多父母存在越位现象。越位主要表现为保护过度。父母在养育孩子的过程中包办、替代过多。如有些家长爱护孩子，害怕孩子受伤，便不让孩子参加对抗性强的运动；或是为了不影响孩子的学习，许多孩子日常生活的事也由父母代劳了，结果使得孩子在生活实践中充分发展其体能、智能和社会性参与的权利受到限制，弱化了孩子生存和发展的能力。

研究表明，小时候不爱运动的人，长大了也很难热爱运动。而不爱运动的人，生命质量自然会下降。更高更快更强，是人类面对新挑战的体质与精神的迫切需求，也是各民族为生存而竞争与合作的崭新尺度。

德国有一份重要报告《给儿童更多安全》指出，在德国每年大约有180万儿童发生事故，但是发生事故的是那些不经常运动的儿童。德国的这项研究显示，那些担心孩子安全而不让孩子多做运动的父母，可能最终适得其反，因为喜欢运动的孩子生活得更安全。

在孩子的生活中，危险是潜在的，再细心的父母也不可能完全排除所有危险，更不可能替孩子抵挡住这些危险。明智的家长不是教孩子如何躲避危险，而是让孩子正视危险，学会战胜危险，并增强应对危险的能力。

故事一：刚刚上八年级的安平，父亲是一家大型国有企业的工会干事，喜欢运动，他认为孩子不能娇生惯养，尤其是男孩子，越“摔打”越健康，将来就越有出息。但安平的母亲心疼孩子，不肯把安平交给他的父亲去“摔打”。就这样，安平在母亲的庇护下除了上学就待在家，有空就玩电脑游戏，不到半年，体重长到了150多斤，每次学校体育测试（如跳远、短跑等）都不达标。一次学校进行地震逃生演练，别的同学按照老师的指令都迅速地跑到指定地点，安平又是跑在最后。等他气喘吁吁地赶到班级后，已经超过了规定时限的2分钟。如果真的遇到地震，晚2分钟撤离意味着什么，不言而喻。

根据安平的情况，老师建议他加强体育锻炼，平时多运动。安平的母亲终于被说服，同意让安平多运动。在父亲的带领和指导下，经过一年左右的锻炼，到了九年级下学期，安平的体重减了20多斤，体能体质大大增强了，体育测试也能达标了。妈妈看到身体健壮的儿子，露出了欣慰的笑容。

故事二：陕西曾有一个13岁的小男孩，连续5天不运动，差点危及生命。5天时间里，他除了吃饭、上厕所，其他时间不是在床上玩手机，就是在玩电脑。一整天下来，运动时间都不超过10分钟。一直到他下床站不稳摔倒在地，去医院检查患上了严重的静脉血栓，他和家里人才慌了。医生说，孩子是运动量缺乏，如果不是及时就医很可能会出现猝死的情况。

以上两个故事，说明了运动的重要性。运动与健康息息相关，也与安全相连。保证孩子的健康和安全，是家长的职责，然而，健康与安全不能被动地等待给予，而应该让孩子主动地获得。有些家长意识到外界存在着的一些对孩子发展不利的因素时，只是一味地对孩子采取全方位的保护，认为“少活动，少出事”，严格限制孩子的各种活动，剥夺了孩子通过实践锻炼提高自我保护能力的机会。结果孩子缺乏对危险事物的基本防范能力和自救能力，导致了许多悲剧的发生。

事实证明：越淘气的孩子越皮实、越不容易出事，越是放到“保险箱”里的孩子，反倒容易发生意外，这个简单的道理有些父母并不明白。因为经常不运动的孩子，缺少经验、力量和技巧。而喜欢运动的孩子，他们在蹦蹦跳跳、打打闹闹中运动经验就丰富起来了，运动技能也更熟练了，肢体也比那些不运动的孩子更灵活而有力量。以戏水为例，如果孩子经常戏水，他就更容易识得水性，从中学会游泳，学会扎猛子，也就学会了在水中自我保护和自救的本领；相反，如果家长完全不让孩子下水，孩子就不识水性，一旦意外落水，必然手足无措，导致悲剧的发生。这样的教训是沉痛的。

教子有方小课堂

孩子天性是好动的，父母不要因为担心孩子有危险而不让孩子多运动，相反地，父母应该“袖手旁观”，狠点心，让孩子多运动，多锻炼。

让孩子自由地运动，能使孩子养成良好的运动习惯，养成健康的生活方式和良好的卫生习惯，同时，让孩子拥有健康的体魄。所以，只要孩子敢于参与运动，就是值得鼓励与肯定的。家长应陪伴孩子运动，并给予正确的引导，让孩子们享受积极健康的户外运动乐趣。

1. 培养孩子健康的体魄

增强孩子的体能是提高孩子自我保护能力的重要途径。许多事实证明，一些平时不爱运动的孩子体质较弱，遇到危险时反应慢，灵活性差，动作不协调，容易受到伤害；而那些运动量大的孩子则大多比较健壮、灵活，遇到危险时反应快，能采取自救方法，因而受伤害就少。因此，家长应率先垂范，多带孩子加强运动，以增强孩子的体质，发展他们灵活、机敏、协调的动作，从而有效地避免意外伤害。

2. 运动前要做准备

运动前的准备包括两个方面：一是心理的准备，家长要给孩子灌输安全理念；二是行为上的准备，比如，在游泳或赛跑等运动前，要先舒活舒活筋骨，做一些运动前的热身运动等。

孩子在运动时应穿上合适的服装，并正确穿戴相应的防护装备，如保护垫（颈、肩、肘、胸部、膝盖、小腿等）、头盔、面罩、防护眼镜等。但是家长也应该提醒孩子，这些防护装置并不是万能的，不要因为自己穿戴了防护装置，就随意尝试危险的动作。同时，家长还需要在孩子运动前，检查并确认运动装备处于正常状态，也要教会孩子自我检查运动装备是否处于正常状态，并定期对运动装备进行维护保养。

3. 了解运动注意事项

作为父母，首先要了解一些运动中的注意事项。如，有开放的伤口、眼疾或感冒时，都不要参加游泳的活动；再比如，应在半饱状态下进行各种运动，因为过饱会给胃肠造成负担，空腹又易导致低血糖，出现意外。其实，就算家长将这些都做得很好了，依然不能保证孩子的绝对安全，但防患于未然是必要的，尽可能地减少运动带来的伤害比根本不让孩子尝试要好得多。

4. 明确目标并选择适合的运动

父母们应该根据每个孩子的实际情况选择合适的运动，尤其是那些需要器械类的运动。器械都是有重量的，孩子和成人不一样，孩子的骨骼还处于发育期，软骨多，容易弯曲，因此要根据孩子的实际骨骼、关节发育状况决定是否适合参加某些器械类运动。

5. 密切注意运动区域及周围的潜在危险

家长鼓励孩子多运动是对的，但安全意识也不可丢。家长在带孩子参加体育运动的时候，需要密切注意运动区域及周围的环境，并对危险系数进行分析，降低因周围环境和突发状况对孩子造成的危险，同时也降低因孩子运动对周围环境及人群造成的危险。

第五节　提高孩子的自我保护能力

自我保护能力是一个人在社会中保存个体生命的最基本的能力，是孩子独立生活的可靠保障。它包括生活自理能力、自我防范能力、自我救护能力、自我调整能力。它有助于孩子尽早摆脱成人的庇护，成为一个独立自主的有生存能力的个体。在日常生活中，家长要耐心向孩子讲解必要的安全常识，注意培养孩子的独立性和自主性，训练孩子的自我保护技能，教孩子学会正确使用和拨打 110、119、120 等求助电话。

自我保护，是每个人必备的生存技能。作为家长，首先应该学会的是如何生存。具有生存能力，掌握自我保护的本领，生命之花才会绽放得更加绚丽!

某个夏天的上午，是孩子们放暑假的第一天。陈女士家的3个孩子——15岁的姐姐妍妍，一对8岁的龙凤胎欢欢和笑笑，正惬意无比地待在空调房里看电视，玩游戏。

当天上午8时，陈女士正在家里煮绿豆汤，忽然想起还没买菜，就急忙出门了。临走前，她叮嘱大女儿妍妍30分钟后关掉炉火。9时30分，陈女士回家时发现，屋内的3个孩子均昏迷不醒，炉灶上的火已被溢出的绿豆汤浇灭。3个孩子在空调房内均煤气中毒，所以才昏迷不醒。惊慌失措的陈女士赶紧打电话报警。

由于救助及时，孩子们都没有生命危险。但事情过去许久，陈女士还是觉得非常后怕，她为自己的粗心感到内疚。更令她担心的是，孩子们在面对危险时，竟然没有一丝一毫的警觉！当时，3个孩子都闻到了煤气的味道，但谁也没想到要去开窗，也没有人意识到危险正在向他们步步逼近。孩子们防范意识的薄弱、救护常识的缺乏是导致这次中毒事件的首要原因。

在现实生活中，大多数孩子的自我保护能力差，安全防范意识薄弱，缺乏对危险情境的正确判断，如果家长没有及时发现、制止或者疏忽大意，孩子就有可能受到伤害，甚至有性命之忧。但是再爱孩子的妈妈，也不可能24小时盯着孩子、保护孩子。家长只有积极培养孩子的自我保护能力和安全防范意识，才能真正做到防患于未然。

不少孩子虽然上了初中，但安全意识仍然不够强，对事故的防护常识缺乏，自我保护和事故应变能力较差，抗挫折能力和心理承受能力较弱，依赖性强，独立性差。因此，增强孩子的安全防范意识和自我保护能力势在必行。

教子有方小课堂

单纯的孩子身处复杂的社会，教他在日常生活中学会自我保护，以应对各种侵害和灾难是非常必要的。作为家长，在看管好孩子的同时，一定要让孩子学会自我保护。那么，家长具体应该怎么做呢？

1. 遇人求助多个心眼

告诉孩子，对于陌生人问路、请求协助寻找丢失的宠物之类的事要保持警惕，这是犯罪分子诱拐儿童的惯用伎俩。有的歹徒以带路、帮找旅店为名将事主带到偏僻处行抢；有的用女色勾引事主到偏僻处行抢；有的无中生有编造事实，对他人进行欺诈，强行带到偏僻处行抢；有的以路远用自行车捎带或用汽车顺路捎带为由，将事主拉到偏僻处行抢……故孩子外出时不要轻信他人，凡事要多问几个为什么，不要轻易跟随不相识的人走。

2. 遇事尽可能多方求助

遇到麻烦找警察是最基本的常识，除此还要让孩子知道，公园、商场、电影院等地方的工作人员甚至路人都可以成为求助对象，多一个可求助的人，就多一分生存的希望。

3. 不要贪图便宜

有的歹徒采取“钓鱼”的方法，欲要取之，必先予之。先对事主施以小恩小惠套近乎，引诱事主上钩，然后进行加害。故孩子外出时，要让家人知道自己的行踪。不要贪图意外的便宜，不要轻易与不相识的人去吃饭、看电影、逛公园，不要喝陌生人给的饮料，不要吃陌生人给的糖果或其他食物，要有自我保护意识，发现坏人要及时拨打 110 报警。

4. 提高孩子的自我防范能力

父母不可能一直守护在孩子身边，更不应该因怕危险而限制孩子的行动。当孩子独自一人时，应当具备必要的自我保护的能力，这就需要家长平时有意识地培养。

5. 培养孩子的自控力

有研究表明，意外伤害事故的发生常常与孩子的冲动行为有关。有些孩子自控力差，不愿意等待、观察，只想及时占有、满足，就会给自己的人身安全带来风险。同时，自控力差的孩子往往也比较淘气、好动、喜欢“惹事”，在同伴交往中容易冲动，给自己和对方造成身体上的伤害。所以，家长一定要注意培养孩子的自控能力，争取把风险降到最低。

第四章　家庭学习指导

学习作为一种获取知识和交流情感的方式，已经成为人们日常生活中不可缺少的一项重要的内容。尤其是在21世纪这个知识经济时代，自主学习已是人们不断满足自身需要、充实原有知识结构、获取有价值信息，并最终取得成功的法宝。

中学生要在激烈的学习竞争中获胜需要多方面的努力与配合。其中，家庭教育与指导具有举足轻重、不可替代的作用。

第一节　智育是家庭教育的中心任务

智育，开发智力的教育，有时亦单指文化科学知识的教育，是教育者有目的、有计划、有组织地向学生传授系统的文化科学知识和技能的教育活动，是全面发展教育的重要组成部分。家庭智育是家长或有关人员对受教育者进行的智能教育活动。家庭智育对孩子的成长以及社会主义物质文明和精神文明的建设具有重要作用。

智育对社会发展具有非常重要的促进作用，对于提高每一个人的生活质量有重要的意义。智育的任务是向受教育者传授系统的文化科学知识、技能，并开发其智力。学校智育的内容就是学校开设的各门学科，而家庭智育并不等同于学校智育。它作为学校智育的基础，与学校智育又有着极为密切的联系。

家庭智育的主要任务有三个方面：一是为孩子奠定智力开发的基础，尽可能从多方面促进孩子的智力发展；二是孩子入学后家长要积极配合学校，有计划地进行学校课程的家庭辅导；三是促使孩子在德智体美劳诸方面协调发展。家庭智育的目标应是培养社会主义事业的有用人才。

家庭教育要坚持“一个中心，两个基本点”。“一个中心”即以智育为中心，“两个基本点”就是坚持心育为首和德育为重。以智育为中心不是主张“智育第一”，不是忽视心育和德育，这与学校以教学为中心和国家以经济建设为中心是一样的道理。

总之，家庭坚持以智育为中心的根本目标还是要培养德才兼备、全面发展的人。

李先生很喜欢给孩子买书，家里的几个书架几乎都放满了书。无论工作有多忙碌，他每天都要抽出一些时间与孩子共同阅读，分享名家经典，他觉得这对家长自身来说，是一种情操的陶冶；对孩子来说，更是一种无声的教育，有利于孩子在品书的过程中心灵得到滋润，智力得到开发，有利于亲子双方在文化修养上的共同提升。父母和孩子一起读书的时刻也是家庭生活中的幸福时刻。父母和孩子一起读各种各样的书，增强了彼此的交流，加深了彼此的感情，书滋润着两代人的心田，也必然能提升两代人的素质。

很多时候，对于孩子提出的疑问，李先生都不急于回答，而是让孩子先自己尝试去书中查找答案，很多问题都是孩子自己查书弄懂的，时间长了，孩子就养成了查阅书和独立思考的好习惯。李先生认为，对于学生来说，这是非常重要的。

阅读是家庭智育的一个重要项目。事实证明，阅读几乎能提高各方面的才智。相较不爱阅读者，阅读者的智商更高，知识更全面。阅读通常能让人变得聪慧，而随着年岁增长，阅读会让人保持敏锐。阅读是通往成功的一条坦途。

阅读是一个终身的学习过程，让孩子养成“爱阅读、会阅读、能阅读”的良好习惯，形成自主阅读的能力，能为其终身学习奠定良好的基础。实践证明，通过“六个一”，即创设一个良好的阅读环境、树立一个良好的阅读榜样、选择一套优秀的读物、制定一个良好的阅读规则、每天一个小时的亲子阅读、每天一句鼓励的话语，对培养孩子良好的阅读习惯有很大帮助。孩子们只有会读书、多读书，才能沿着书籍的阶梯攀登上智慧的高峰。

初中生的学习分为两部分，一部分在学校，另一部分在家里。学校是初中生学习的专业场所，有着优秀老师的教导和严格的管理制度，最重要的是，还有良好的学习氛围。尽管在校的学习非常重要，但家庭的学习也不可忽视。没有家庭的学习，孩子在校学习的成果无法得到巩固和强化，就会大打折扣。

作为新时代的父母，还要重视对孩子智力的开发。人的智力水平有通过智育去培养的必要，要使智力潜能得到充分发展，需要将物化的智力成果（客观知识体系）同主观的智力成果（主体的认识能力）结合。

一方面，智力和知识截然不同，不能以掌握知识的多少作为衡量孩子智力高低的标准。知识的掌握依赖于智力的发展水平。智力的形成过程远比知识的掌握要慢得多，智力是先天禀赋和后天培养融合的产物，而知识技能则主要靠后天的学习来获得。知识的掌握是无限制的，它可在智力停止发展后不断获得，智力不能传授，而知识是可以传授的。

另一方面，智育不等于分数。抓智育就是抓孩子的考试分数，而考试分数就是衡量智育水平的唯一标准，这个认识是错误的。智育要追求高质量，其中包括理想的考试成绩，但智育的成果绝不仅仅是分数，而是涉及孩子的思维的发展、智慧的发展、求知欲的发展、创造力的发展等多个方面。

教子有方小课堂

传授知识和发展智力是家庭智育的两项基本内容，两者有着不可分割的关系。家长不仅要给孩子知识的金子（知识），更要给孩子获得和运用知识的“点石成金”之术（智力）。

1. 开发孩子的智力

从心理学角度来说，开发智力，主要可以从以下两方面着手：一是加强对孩子心智操作技能的训练，如注意力、观察力、记忆力、思维力、想象力等方面的训练。二是加强对孩子非智力因素的培养，如坚强的意志、广泛的兴趣、顽强的性格等。因此家长在帮助、辅导孩子掌握科学知识的同时，一定要有意识、有计划地发展孩子的智力，配合学校进行“授之以渔”而不是“授之以鱼”的教育，使孩子终身受益。

2. 培养孩子的学习兴趣

兴趣是学习的老师、成功的向导。面对孩子学习以外的兴趣，家长千万不可强行压制，而应正确引导，想方设法地把这种兴趣与学习联系起来。

3. 培养孩子良好的学习习惯

这是家庭智育十分重要的任务和内容。家庭智育可以不传授知识，但不可以不进行良好的学习习惯的培养和训练。无数事实证明，培养良好的学习习惯其重要性不亚于培养和发展智力。初中生应该养成哪些良好的学习习惯呢？主要是养成“专心听讲”“认真读书”“认真细致、独立完成作业”的良好习惯。家长千万不能认为这些习惯的培养、训练是学校老师的事，应该明白一个好习惯的形成除了在学校里、在课堂上需要老师的培养和训练，还需要家长的密切配合，需要家长在日常生活中严格督促、要求孩子。

第二节　家庭学习指导的重点是因材施教

因材施教是指针对学习者的志趣、能力等具体情况进行不同的教育。因材施教自古以来就是一条重要的教育原则，在我国教育史上已实践了两千多年。时至今日，我们仍然能够感受到因材施教闪烁着的智慧之光。教育非常重要的一点，就是要充分地开发每一个人的聪明才智，真正做到因材施教。因材施教主要包括两个方面：一是根据孩子的性格特征实施教育；二是根据孩子的兴趣爱好实施教育。

教育不能把所有的学生都培养成爱因斯坦，更不能用培养爱因斯坦的方法来培养所有的孩子。教育的目的就是能够使每一个孩子将来能够准确地找到自己的位置。

为了和人类一样聪明，森林里开办了一所动物学校。开学典礼的第一天，来的动物有小鸡、小鸭、小鸟，还有小兔、小山羊、小松鼠等。学校为它们开设了5门课程：唱歌、跳舞、跑步、爬山和游泳。

第一天，老师宣布："今天上跑步课。"小兔子听完，兴奋得马上在体育场地跑了一个来回，并自豪地说："我能做好我天生就喜欢做的事！"而再看看其他小动物，有噘着嘴的，有苦着脸的。放学后，小兔回到家对妈妈说："这个学校真棒！我太喜欢了。"

第二天一大早，小兔子蹦蹦跳跳来到学校。老师宣布："今天上游泳课。"小鸭子听完，兴奋得一下跳进了水里。因为从来没有游过泳，小兔子傻了眼，其他小动物更没了办法。

接下来，第三天是唱歌课，第四天是爬山课……以后发生的情况，就可想而知了。

这个童话故事寓意深远，它诠释了一个通俗的哲理，那就是"不能让山羊学飞翔，让兔子学游泳"。人的发展也是一样，如果让贝多芬学物理，《命运交响曲》将不会诞生；如果让华罗庚学音乐，就不会有国际上以华氏命名的数学科研成果"华氏定理""华氏不等式"等。

有专家指出，我们每个人至少有八种不同类型的智力（语言智力、逻辑或数学智力、音乐智力、空间或视觉智力、运动智力或身体智力、人际关系智力、内在智力或内省智力、自然探索智力），其中前两种智力在传统教育中受到了高度重视。

但我们得承认，任何一种智力和才能都很重要，不分主次和贵贱。如果一个人音乐才华出众，他可以成为音乐家，或当音乐老师等；如果一个人绘画好，他可以成为画家，或做工业设计等；如果一个人会烹饪，他可以成为优秀的厨师。没有必要都去争高分、挤“独木桥”。这个世界正是因为有了各种不同才华的人，各行各业才兴旺发达，我们的生活才丰富多彩。我们不能用一把尺子来衡量所有的孩子。家长和老师应该做的，是为具有不同潜能的孩子提供适合他们发展的不同的教育，把他们培养成不同类型的人才。

教育是一种发现——就是发现人与人之间的差异，发现人的不同天赋并且及时进行开发。其实卓越，不是一种表现形式。我们教育必须承认和尊重差异，每个孩子都是独一无二的，每个孩子在智能发展方面都存在差异，教师和家长要为有差异的孩子提供合适的教育。正所谓“人皆有才，人无全才”，只有扬长避短，才能实现个个成才的目标。这就要求我们探寻一条适合学生发展的教育之路，发现孩子的智力强项，让孩子的优势得到充分的发展。

教子有方小课堂

家庭因材施教就是从孩子的实际情况、个别差异出发，有的放矢地进行有差别的家庭教育，使孩子能扬长避短，获得最佳发展。

1. 家长要了解孩子的优点

事实上，每个孩子都有各自的优点，有的表现在学习上，有的则表现在生活能力方面，也有的可能体现在人品上。作为家长，不应该要求孩子都像是从一个模子里刻出来的那样学习好、身体好、特长明显，也千万不能因自己的孩子某些方面比别的孩子差，就轻视自己的孩子，而是应该善于发现孩子与众不同的优点，并正视孩子的优点，从鼓励现有的优点出发，帮助孩子建立自信心，从而促进其他方面的发展。

2. 因“性”施教

因“性”施教一是指根据孩子性别的不同进行不同的教育；二是指根据孩子的性格特点进行教育。这实际上是个性化教育的体现。个性化教育就是要充分考虑孩子的差异，根据孩子不同的特点实施有针对性的教育。

3. 要想方设法把孩子的短处变成长处

一个人的长处与短处都是相对的，短处是被放错地方的长处。如果我们的家长在面对孩子的短处时，能换个角度去思考，能把参照系放大或者改变参照物，那么，孩子的短处就可以变为长处。

有一份调查显示，至少 87.6% 的成才者，其智力强项和成才趋向是在他们儿童或少年时期被父母发现的。没有父母的早期发现，孩子的智力强项可能就会被永远地埋没掉！作为家长，就要一分为二地分析一下自己的孩子：他的优势、特长是什么，他的弱势和不足是什么。家长一定要善于发现并尊重孩子的长处，挖掘孩子的智力强项。

第三节　开发孩子的智力

智力是指生物一般性的精神能力，指人认识、理解客观事物并运用知识、经验等解决问题的能力，这个能力包括以下几点：理解、判断、解决问题，抽象思维，表达意念以及语言和学习的能力。智力也叫智能，是人们认识客观事物并运用知识解决实际问题的能力。智力包括记忆力、观察力、思维力、注意力、想象力等五大要素。记忆力是智力的储存库，注意力是智力的门户，观察力是智力的接收器，思维力是智力的核心，想象力是智力的翅膀。没有注意力、观察力，儿童就无法认识事物，掌握知识；没有记忆力，知识就无法保存、巩固；没有思维力，就无法深刻地认识事物；没有想象力，就无法创新。所以说，智力不发展，就无法掌握更多的知识，就很难成才。智力的高低通常用智力商数来表示，是用以标示智力发展水平。特别需要指出的是智力不等于智慧，两者意义有一定的差别。

有一次，老师让学生以“保护环境”为主题写一篇作文，小沫写的竟然是各种动物为保护环境而进行的一场星球大战，写得十分热闹，虽然有些不太规范，但却充满了想象力。结果，老师却给这篇作文判了个不及格。小沫的妈妈犯难了：“我觉得这是一个非常关键的时刻，如果我因此打击她，孩子的想象力也许从此就泯灭了，但是我要是因此鼓励她，她不得高分将来怎么通过考试呢?”后来，小沫的妈妈想出了一个办法：“我们在她的面前表现出惊喜、佩服，赞扬她的想象力，并且告诉她，平时的作文可以充分发挥想象力大胆写，抓住机会多练；但在考试尤其是重要的考试时，一定要严格按要求写，按规范写。”

父母鼓励孩子发挥想象力，就使影响孩子智力非常重要的一个因素得到了保护和发展，同时也激发了孩子的积极性，增加了他的自信心。对于孩子的想法，父母要真诚地鼓励，避免有不重视的表情或做法，要让孩子在父母积极的回应中，提升智力水平。具体来讲，对智力的五个要素都要重视。

第一，记忆力要训练。记忆是学习的一种基本要素，正是由于记忆的存在，个体习得的知识、经验才得以延续、积累乃至运用。常用的记忆方法有：及时复习法、理解记忆法、尝试回忆法、提纲记忆法、联想记忆法等。

第二，注意力要培养。注意力是所有能力的基础，也就是我们所说的专注力。良好的专注力是学习成功的最佳保障。注意力不集中的问题已经严重影响到孩子的学习与发展，并且越来越引起家长的重视。对孩子进行注意力训练，要从视觉注意力和听觉注意力等方面入手。另外，还有一些比注意力更重要的东西需要家长注意，如思想教育、责任心和意志力、抗干扰能力的培养等。

第三，观察力要提高。家长提高孩子观察力的方法主要有：一是把孩子带进大自然，使他们视野开阔，博览多闻。家长要尽量利用业余时间带孩子去公园玩一玩、看一看，游览祖国的名山大川。孩子在这些外出活动中，自然会对周围的事物产生浓厚的兴趣。家长可以利用这样的机会，引导和训练孩子的观察力。二是要帮助孩子确定观察对象。家长带孩子外出时，可以事先对孩子提出一些观察事物的问题：如家门口增加了几幢楼？动物园的猴子是怎样吃东西的？下雨的时候，雨是什么样子的？刮风时，会出现什么样的景象……长此以往，孩子就会留心周围的事物。三是家长还可以让孩子坚持写观察日记。这样不仅可以锻炼孩子的表达能力和写作能力，也有助于培养孩子良好的观察习惯。四是给孩子创造一些观察的有利条件，例如让孩子自己养养小金鱼、小兔子、小花、小草什么的，让他们观察这些小生命的生活情况，了解它们的成长过程。五是引导孩子从多角度观察事物。

第四，思维能力要强化。思维能力又称思考力。从某种意义上说，思维能力的高低，直接决定着孩子的智力发展水平。培养孩子的思维能力，家长要做到：一是启发孩子积极思考，给孩子提出自己想法的机会。二是要经常与孩子进行讨论式的协商，留给孩子自己思考的余地，不代替孩子思考。三是培养孩子的探索精神。四是提高孩子的语言表达能力。五是开展智力游戏和竞赛。六是创设良好的家庭环境和问题情境，让孩子畅所欲言。七是教给孩子正确的思维方法。

第五，想象力要保护。想象力是上天赐给孩子的礼物，它直接决定了孩子未来的创新能力。古今中外，许多发明家的想象力，与其说是后天教育和学习得来的，倒不如说早在他们幼时便已播下了种子。从这个意义上说，保护好孩子的想象力，在某种程度上甚至可以与保护好“未来的伟大创新与发明”画等号。要保护孩子的想象力，就不要拘泥于“标准答案”，就要允许孩子标新立异，敢于创新。最重要的是家校合作，家长与教师相互配合，才能更好地保护好孩子的想象力。

教子有方小课堂

在很多家长眼里，开发孩子的智力是专家才会做的事情，什么左脑开发、右脑开发、锻炼记忆力等。但实际上，绝大多数聪明的孩子，除了遗传因素外，和家长后天的教育也密切相关。家长如果把握住机会，找到恰当途径和方法，对孩子的智力开发就会取得良好效果。那么，家长可以用什么途径和方法来开发孩子的智力呢？

1. 在学习中开发孩子的智力

知识和智力具有密切的关系，人的智力是在学习知识的过程中发展起来的。无论是文科，还是理科，无论是读写，还是计算，无论是音乐，还是绘画，都能够开发智力。但学习知识和智力开发又并非一回事，并不是说知识越多智力就越发达。如果不能把所学的知识转化为分析问题、解决问题的能力，就不能算是开发了智力。因此，开发智力不能光啃书本，既要扩大学习的范围，又必须注重知识向能力的转化。

2. 在游戏中开发孩子的智力

几乎所有的孩子在玩游戏时，大脑都处于一种高度兴奋的状态，而在这种兴奋状态下，孩子没有精神压力，学习某种东西形成某种能力就比较快。所以，游戏是开发智力的好方式。

3. 在劳动中发展孩子的智力

有的家长不让孩子参与力所能及的劳动（家务劳动、手工劳动、公益劳动、简单的生产劳动等），怕耽误学习，这实在是一个误区。孩子在劳动时，需要双眼的观察、双手的合作、双耳听觉的判断以及大脑的思考等，他的视觉、听觉、触觉、嗅觉和味觉需要高度地协调起来，其注意力、观察力、记忆力、思维力和想象力都能得到发展。更为重要的是，孩子在劳动中会发现问题，去挑战自己的能力，从而去解决问题。如果失败，他会总结教训，改变方法，以求成功，这就是成长；如果成功，他会积累经验，智力就会提高，这就是进步。因此，让孩子参与劳动是开发孩子智力的有效方法。

4. 利用现代信息技术发展孩子的智力

现代科技信息使音、像、图、声等由静态变为动态，为人们提供形象直观、生动活泼、艺术性强的媒体资料，能够调动孩子的多种感官，吸引他们的注意和观察。家长可以适当利用网络游戏让孩子在轻松愉快的气氛中积极思考，提高孩子分析和判断问题的能力；同时，合理利用网络进行学习，能够促进孩子思维的发展，提高他们的想象力和创造力。

5. 在生活中发展孩子的智力

俗话说："处处留心皆学问。"只要留心，家长在生活中随时随地都可以发展孩子的智力。如给孩子吃东西时，可以教他认识食物；同孩子逛商场或散步时，可以训练孩子的观察力；带着孩子到大自然中去，可以引导孩子认识植物、动物和景物，开阔孩子的视野，发展孩子的智力。

第四节　家庭学习指导中的扬长与补短

一般来说，一个人智能组成的各个部分有强弱之分，对强项与弱项的差异，有两种开发策略：一种是发挥强项的优势，以强补弱或者扬强避弱；另一种是盯住弱项，围绕弱项展开训练，以求平衡。前一种是积极策略，后一种是保守策略。一般情况下，我们主张采用前一种策略。

每个孩子都有自身的优势与弱势，每一个生命都具有灵性和与生俱来的禀赋，家长的职责主要是扬其所长，开发潜能。个性化是人才形成的基本规律，多样化是人才形成的客观要求。学校共性教育必要的补短与家庭个性教育执着的扬长相结合，才是最好的合作！只有适合每个孩子的教育才是最好的教育，让孩子成为最好的自己才是教育最大的成功！

一些明智的父母在配合学校共性教育的同时，努力发现并培养孩子的个性特长，这是值得提倡的。有些家长却不是这样，他们把分数当作最大的目标和衡量孩子进步与否的主要标准，这是很不可取的。这些家长重视孩子的学习成绩远远大于特长培养。如果一个“主科”（比如数学）不及格的孩子，根据自己的爱好向家长提出要弹琴时，大多数家长会说，弹什么琴？当务之急是要把数学成绩搞上去！于是，家长就会千方百计让孩子提高数学成绩。孩子呢？自己喜欢弹琴的兴趣被扼杀，而被迫补短的积极性也不可能高，因情绪不好，还有可能下降，其结果可能是，短没有补好，长也给弄没了。如果家长支持孩子弹琴，同时鼓励他学好数学，孩子一定会很高兴，不但兴趣爱好得到了发展，数学成绩肯定也会有进步。

小琦是某中学实验班的学生，他曾多次流露出厌世的念头。班主任经过调查后了解到，问题的根源在于小琦的妈妈。小琦妈妈一心要求孩子考上重点高中，不许他做与学习无关的事。小琦最喜欢看的动画片和最喜欢搞的小制作都遭到取缔。在所有做好的模型都被砸碎后，他的逆反心理便变得非常严重，对学习越来越不感兴趣，情绪低落，甚至对生活产生了厌倦。除了班主任以外，小琦基本上不与其他人交谈。为了让小琦能与其他同学一样过上正常的生活，班主任先后和家长谈了不下 20 次，向家长介绍了小琦的精神状况，分析严重后果，劝诫家长教育孩子不应简单粗暴、拔苗助长。最后，固执的小琦妈妈终于答应试着改变一下教育方式，给小琦一些自由空间。于是，3 个人一起商定了小琦每天的作息时间表，内容含每天看 20 分钟的动画片和一周可以做 3 小时的小制作。计划实施后，小琦的脸上有了笑容，学习积极性也明显提高，家庭关系日趋融洽。一次，由他负责的、和同学一起花了半个月课余时间制作的“西湖全景模型”在市里获奖，小琦全家都很高兴。随着小琦的兴趣爱好得到了尊重与满足，他的精神面貌也发生了很大变化。

补短纠偏，是中国式教育最大的问题。因为，补短项，必然抑制长项。许多家长喜欢塑造完美无缺的孩子，他们容不得孩子有短处，因而补短的劲头远远超过扬长。其实，许多人没有注意到，凡是成功的人，毛病缺点都比较大，或者说短处都非常明显，只不过大家所看到的是他们优势的展现，而不是劣势的暴露。我们的问题在于，总想遮掩孩子的缺点劣势，想让孩子样样出众，以致抑制了孩子优势和长项的发挥。这种情况，正是补短教育造成的恶果。

家长一定要走出扬长不如补短的误区，须知：长是孩子求学时的成才之根，是走向社会的立足之本。扬其所长，就是使长变得更长，这样做会事半功倍，可以培养拔尖人才，就是说，扬长比补短更容易成功；补短不但不能使短变长，还会使长变得不长了，这样做会事倍功半，有可能使孩子变成平庸之辈，还有可能毁了孩子。这样说，并不是完全反对补短，只是想说，补短不能以牺牲长为代价，应该是在扬长基础上的补短。如果短补上了，而长没了，这样的补短得不偿失。

好的教育，不是压抑本能，而是释放天性；不是侧重补短，而是努力扬长。

教子有方小课堂

教育的本质是促进人的个性全面发展，使每个人的强项得到延伸和拓展，进而在某一方面成为卓有成就的人，教育应该是一个扬长的艺术。那么，在家庭教育中，家长应该怎样扬长呢？

1. 要树立新的人才观

家长要转变升学者是人才，唯升学能成才的观念；确立多渠道成才、多规格育才，即行行出状元的人才观；坚持因材施教、发展个性的原则；树立“人人有才、人人无全才、人人能成才”的观点。

2. 要遵循人的发展规律

人的发展，包括身体和心理两方面的发展。身体的发展是人的生理方面的发展；心理的发展是指感觉、情感、意志、性格等方面的发展，是人的精神方面的发展。生理的发展是心理发展的物质基础，心理的发展是生理发展的内在因素。教育必须适应人的身心发展的顺序性、阶段性、稳定性、可变性、不平衡性和个别差异性，按照人的发展规律来进行，才能收到应有的效果。

3. 让孩子在他最擅长的领域去发展

世界上没有两片完全相同的树叶，因此世界才会如此精彩。正如世界上的万物都存在差异性和多样性一样，学生群体由于先天的素质和后天所处的文化环境、家庭背景等的不同，也存在着差异性和多样性。教育的目的不是消灭孩子之间的差异，而是承认个体差异，实施有差异的教育，促进个性的发展。家长应努力让孩子选择一条适合自己的路，从而成为最好的自己。

4. 家校合作，扬长补短

根据学校和家庭教育的现状，要想让学生得到最佳发展，学校和家庭必须联合起来，发挥各自的优势，家庭想让孩子扬长，应尽量争取老师的理解，也要理解老师。家长要一手抓分数，一手抓特长，争取老师的最大支持。一般来说，抓分数以学校为主，抓特长以家庭为主。这里需要注意的问题有两点：一是教师没有时间抓学生的特长培养不要紧，但不要忽视，更不要打压，可以同家长一起研究如何发展孩子的特长；二是家庭教育不要学校化，家长不要把家庭变成学校的分校，把自己变成老师纯粹的助教。家长和老师要善于发现并努力扶植孩子的兴趣、爱好和特长，最大限度地打造孩子的智力强项，让孩子得到最佳发展。

第五节　培养孩子良好的学习习惯

从心理上来说，行为一旦变成了习惯，就会成为人的一种需要。当你再遇到这类情景的时候，不用动脑子就会这样做；如果不这样做，就会觉得很别扭。这说明行为已经具有了相对的稳定性，具有了自动化的作用。它不需要人们去监督、提醒，也不需要自己的意志去努力，是一种省时省力的自然动作，也就是平常说的“习惯成自然”。一个人从呱呱坠地到长大成人，身上总会养成这样或那样的习惯。有的习惯是好的，比如勤奋、守时、认真、勇敢、谦虚等；有的习惯是不好的，比如懒惰、拖拉、抱怨、傲慢等。但无论是什么样的习惯，都具有强大的力量，都足以改变一个人的人生。一个好的习惯能够成就一个人，而一个坏的习惯则会毁掉一个人。

学习习惯，是在学习过程中经过反复练习形成并发展，成为一种个体需要的自动化学习行为方式。学习习惯的力量是惊人的，它在不知不觉中，经年累月地影响着孩子的行为，影响着学习的效率。因此，对于青少年来说，学习习惯比学习成绩更重要。好的学习成绩是一时的，好的学习习惯则能使人终身受益。没有好的学习习惯，学习成绩是不稳定的，也是不能持久的。事实证明，孩子成绩的优劣和他们学习习惯的好坏是密切相关的：凡是学习成绩好而且稳定的孩子，从小都有良好的学习习惯；而成绩忽好忽坏的孩子，往往缺乏良好的学习习惯。可见，良好的学习习惯是学习成功的基础，是一个人一辈子的财富。

高女士的儿子写作业磨蹭，在心理学专家的指导下，高女士开始采取措施，纠正这个不良习惯。

有一天，高女士开始观察儿子到底是怎么写作业的。她发现儿子写一个小时的作业，其间站起来七次，一会儿开冰箱看看有什么好吃的，一会儿打开电视看看动画片开始了没有……这样写作业能不磨蹭吗?

于是高女士对儿子说："你是一个聪明的孩子，完全能够学习好，但是我刚才给你数了数，你一个小时站起来七次，是不是太多了？我觉得你写一个小时的作业站起来三次就差不多了吧?"儿子一愣，想不到妈妈挺宽容的，于是答应说三次就三次。高女士继续说："你如果一个小时内站起来不超过三次，当天晚上的动画片可以多看。"儿子听了高兴得不得了。高女士又说："先别开心，有奖必有罚，如果你写作业时一小时内站起来的次数超过了三次，当天晚上就不能看动画片。"

母子达成了协议。

结果五天下来，儿子有三天做到了，写作业时一小时内站起来不超过三次，兴高采烈地看了动画片。但是有两天没有做到，于是就急，因为不能看动画片，可任儿子怎么央求，高女士也不让看。

就这样，孩子慢慢地发生了变化，开始尝试控制自己，减少写作业时站起来的次数。经过三个多月的训练，这个孩子终于养成了专心写作业的好习惯。

高女士实在是“高”，她的经验是宝贵的。坏习惯要用递减法来纠正，从逐步减少不良行为的次数，直到成功。

习惯具有后天性、重复性、稳固性、自动性、情境性和潜伏性等特征。好习惯具有节省脑力、节省时间，能够领导行为、展示修养，提高智商和情商，奠定能力和人格基础，甚至有为人生奠基的作用；而不良习惯则会影响孩子的发育、健康、视力，从而影响学习，使生活变得一团糟。

初中生要养成的良好学习习惯主要有：好问质疑的习惯、思维的习惯、使用工具书的习惯、先审题后答题的习惯、整理错题的习惯、“不动笔墨不读书”的习惯、学以致用的习惯、学习定时定量的习惯、积累资料的习惯、乐于探究的习惯、科学用脑的习惯、专注投入的习惯、观察的习惯、记忆的习惯、自学的习惯、终身学习的习惯等。

教子有方小课堂

世界上最可怕的力量是习惯，世界上最宝贵的财富也是习惯。在家庭教育中，家长总是希望孩子尽可能多地养成好习惯，特别是好的学习习惯，同时尽可能让孩子告别坏的学习习惯。那么，家长应该怎样培养孩子良好的学习习惯呢？

1. 掌握良好学习习惯培养的原则

（1）宜早不宜晚。对于孩子良好学习习惯的培养，必须早注意、早培养。如果晚了就会变成先纠正后培养，那就更费功夫。

（2）宜少不宜多。同一段时间内安排培养的新习惯不要太多，1～2个即可。另外，在新习惯没有被固定下来之前，尽量不要再增加新的。

（3）宜易不宜难。一开始不要指望在短时间内形成较复杂、较难的习惯，而应当选择相对比较容易建立的新习惯。

（4）宜细不宜粗。建立好习惯要先确定可实施的操作细节，并在特定的时间内完成，而不要设定过多不切实际的目标。

2. 采用科学的培养习惯的策略

（1）加法策略。培养好习惯用加法，这是习惯培养的基本策略。就是说，好行为出现的次数越多，好习惯就越牢固。

（2）减法策略。也叫行为递减策略，这是纠正不良习惯的基本策略。

（3）核心策略。找到一个核心习惯，发挥其带动和影响作用，使之中心开花，产生辐射效应。

（4）拆组策略。把要培养的较难、较复杂的习惯先拆分成几个小的习惯进行培养，然后再把这几个小的习惯整合成大的习惯。

（5）评价策略。根据公认的社会行为准则，对孩子的表现做出肯定或否定的评价，辅以适当的奖惩，使其不断修正自己的行为。

第六节　厌学情绪的疏导

厌学情绪是一种正常的不良情绪，或者说是一种常见的消极情绪。在每一个人求知学习的过程中都有可能产生这种情绪，这是一个人在其成长过程中，自我动态失衡、和谐度不稳定的表现。当然，由于学生所处年龄段的不同，厌学情绪的表现也有所不同。但无论是小学、初中，还是高中、大学，厌学都是一个客观存在的问题。厌学，突出一个“厌”字，“厌”是一种心理状态——厌烦、厌倦、讨厌。就学习而言，小学是基础阶段，而初中是最关键的阶段，厌学心理也最容易在此时产生，因此，这个阶段孩子的家长更应多关注孩子的学习，要让他们树立责任感，懂得学习的重要性，从而健康、快乐地成长。

中学生厌学形成的原因是多方面的，有来自教育内部的原因，有来自家庭、社会的原因，也有来自孩子本身的原因，这几方面的原因是相互联系的，其中，孩子本身的原因是内因，其他因素是外因，外因通过内因才能起作用。

大部分孩子厌学的根本原因是他们减弱或失去了学习的内部推动力——学习动机。例如，家长过低的期望值往往使孩子缺乏明确的学习目标，缺乏强有力的学习动机；过高的期望值又会给孩子带来过重的压力，使其产生恐惧感，从而削弱已经形成的学习动机。再如，学校生活的成功，往往使人产生积极向上的情绪，失败的行为往往使人产生消极退缩的情绪。学校现实生活表明，喜欢学习的学生往往都是在学习生活中获得成功的人。厌烦学习这种消极情绪多发生在学习生活中失败的孩子身上。有些孩子因为基础差，成绩跟不上，或是学习习惯不好，学习方法不当，感到学习是一件十分痛苦、让人疲倦、厌烦的事情。校外游乐场所如营业性舞厅、电子游戏室、台球室等的影响，也会使贪玩的学生学习分心，产生厌学情绪。此外，不良性格往往也会导致孩子在面对老师与家长的批评时，不能很好地调整情绪来促进学业的进步，轻易放弃学习。面对过于沉重的学业压力，如果孩子性格不够坚强，遇到困难就会主动放弃。

总之，孩子厌学往往不是由单一的原因造成的，而是多种因素共同作用的结果，而其中一种因素占据主导地位。找到了孩子厌学的原因所在，才能够对症下药，妥善解决问题。

小兵是一名八年级学生，学习成绩在班上属中等偏下。因为父母离异，小兵从小与外婆一起生活。父亲由于自身经济条件较差，很少对小兵给予照顾。母亲再婚后，曾接小兵和继父一起生活。然而，继父对小兵要求极为严格，曾因为小兵犯错而严厉责罚他。这使得小兵对继父始终心存芥蒂，再不愿与母亲共同生活，之后便一直与外婆相依为命。

小兵小学时，各科成绩都很优秀。进入初中以后，学习开始有点吃力，在一次期中考试没考好之后，小兵就觉得心里特别烦躁，经常说头痛、难受，不想上学。八年级上学期开学后，班里一个同学告诉他打电脑游戏很好玩，小兵从此迷恋上了打电脑游戏，以至于上课总是无精打采，提不起精神，上课时老师讲到什么地方他都不知道。老师针对小兵的表现，多次批评教育他。但是由于没有父母关心和管教，小兵认识不到自己的问题。因为沉迷电脑游戏，小兵越来越不愿听课，不愿记笔记，拿起课本就烦躁，学习成绩下降得很快。

故事中，小兵产生厌学情绪的原因既有家庭方面的关心和教育不足，也有其自身的原因：小兵渴望取得好成绩，对自己期望很高，但是初中的学习内容比小学深，学习方法也不一样。由于缺乏指导且未掌握合适的学习方法，他的成绩下滑，进而学习动力不足，逐渐丧失学习兴趣和信心等，以致用逃避的方式来解决问题。

由厌学引起的弃学，更是给社会带来不良影响。大量的弃学者流向社会，增加了社会的负担，造成许多社会问题。研究表明，在青少年犯罪中，辍学生所占的比例很大，他们在生理和心理上都处在不稳定发展期，缺乏是非判断力，容易受社会不良影响，走上犯罪道路。因此，预防和矫治孩子的厌学行为是家庭、学校和社会一个非常重要的任务。

教子有方小课堂

厌学严重影响了孩子学习活动的顺利进行，对孩子的健康成长有很大危害性。家长应该尽快消除孩子的厌学情绪，使孩子的学习过程和手段与学习目的得到统一。那么，家长如何才能消除厌学现象呢？

1. 创造良好的家庭环境

家长应对孩子的学习行为给予积极的关注，要注重与孩子进行心灵的交流，同时还要注重自己的行为与态度对孩子的示范作用。当孩子没有取得预期的学习成绩时，要注意采用恰当的教育方式，不要强化孩子对自己的学习行为的消极归因。

2. 进行有效的心理咨询及行为干预

心理咨询是改善学生厌学情绪的有效途径。家长可以选择恰当的干预技术和方法，如合理情绪疗法、强化法、认知疗法等，改变孩子自身的认知和行为，转变其对学习的看法和态度，引导其对自己的学习行为做出正确的归因。并通过分析自身的原因，从其自身的原因出发来提高自我管理和控制能力，缓解其厌学情绪，激发其学习兴趣，减少其厌学行为，提高学习效率。同时，在对学生进行心理干预的过程中应积极争取其他家庭成员的配合，来对孩子进行积极的心理治疗。

3. 家长要保持平常心

一方面，要允许孩子偶尔考试失常。当孩子考试失常时，家长要注意孩子的情绪变化，及时帮助孩子调整学习状态，挖掘并分析导致考试失利的主要原因，然后与孩子商量改进措施。另一方面，对于初中生来说，家长要帮助他们多掌握一些调节压力的方法，帮助孩子放松心情。应引导孩子多与自身进行比较，发掘学习提高带来的乐趣，让孩子做最好的自己。

4. 把学校教育与家庭教育有机结合起来

家长要积极主动地与校方联系，学校、家长应相互配合，根据孩子的年龄特点、生理和心理发展情况等，运用多种形式，进行启发式引导，绝不能采取强制性的管教方式。家长要帮助孩子建立良好的师生关系，消除孩子对老师的误会或不满。

第五章　家庭媒介素养教育

在信息化时代的今天，新媒介越来越成为人们获取信息的重要途径。新媒体时代的到来，在给人们的生活和工作带来方便的同时，也引发了一系列的问题，这些问题影响着人们的生存与生活。媒介素养教育关乎社会和谐发展与人生幸福成长，是需要社会全方位关注、全成员参与的大教育。媒介素养教育的根基在于家庭，良好的家庭媒介素养教育对家庭成员特别是对孩子美好幸福人生的塑造发挥着重要的促进作用。

第一节　正确对待网络生活

随着科技的进步，网络已经成为人们生活中不可缺少的一部分。随着互联网的发展和普及，越来越多的孩子成为新的网民。无论在城市还是在农村，互联网对孩子的吸引都是强烈的。互联网改变着我们的生活方式、学习方式、交往方式，甚至极大地影响着我们的语言、文化、思维方式和价值观念。人对网络及信息的认识，决定了人在信息时代的发展潜力。在信息技术发展迅猛的时代，网络传递信息迅速，既方便又快捷，如果排斥网络，必将被这个时代淘汰。

故事一：某大学一名学生，突然身患罕见疾病，生命垂危。他的两名同学紧急之下想到了在互联网上发出求救信息。没想到，他们很快收到来自世界各地的几千封电子邮件，帮助分析病因，献计献策。经过“网上会诊”，医院终于找到病因，使这位大学生得到了及时救治。

故事二：小凯是一名八年级男生。他在上小学时还是一个阳光、健康、上进的好学生。不但学习好，还担任过班长。但上了初中后，他学会了上网，而且逐渐成瘾，再没有心思安心学习，成绩一落千丈。文化水平不高的父亲气极而怒，屡次打骂也没能把孩子从“网瘾”中拉出来，反而让严管之下的小凯产生了严重的逆反心理。在一次和父亲发生激烈的冲突后，小凯用匕首刺伤了他的父亲，导致父亲生命垂危。当民警抓捕小凯时，他依旧安然地坐在网吧里上网。

故事一反映了网络带给人们的好处。网络，是科技时代的产物。网络会借助文字阅读、图片查看、影音播放、下载传输、游戏、聊天等软件工具从文字、图片、声音、视频等方面给人们带来极其丰富的生活和美好的享受。它正在逐步改变人们的生活方式，为我们的学习、工作和生活带来许许多多的便捷。网络已成为人与人之间沟通的桥梁，了解世界的窗口，其重要性越来越大，具有不可替代性。

故事二反映了一个中学生网络成瘾的问题，小凯的伤人行为和伤人后的表现是由网络成瘾导致的人格改变。

两个故事从正反两个方面说明了网络的利弊。网络利弊的区别在于如何运用它，如何把握度。适度是利，过度则弊；正事是利，贪玩则弊。总体来说，网络对社会影响的利大于弊。如果网络在中学生的身上出现弊大于利的现象，那不是网络之过，而是教育引导不当造成的。

教子有方小课堂

互联网的迅猛发展是时代与科技发展的必然趋势，网络文化对当代青少年的思想道德和行为方式带来的影响越来越大，成为当前社会关注的焦点问题。面对网络的发展，家长对孩子应该采取正确的态度，要因势利导，而不是围追堵截。

1. 引导孩子树立安全意识

要引导孩子文明上网，要教育孩子提高认识，正确对待上网，要提倡绿色上网、文明上网；上健康的网，健康地上网。努力创造干净、健康、文明、有序的网络环境。

2. 引导孩子学会甄别网络信息

要有自己的判断能力，对网络上面的信息做一个有效的甄别。对网络上的类似“你中大奖了”或者“你可以免费得到什么”这样的信息，不要轻易相信。不要在网络上传播不良信息，要洁身自好，尽量学习一些有用的东西，丰富自己的知识。遇到问题要用法律的武器来维护自身的权益。

3. 引导孩子做控制信息的主动者

大量信息充斥着网络，致使许多青少年被各种各样的信息控制着，一会儿想玩游戏，一会儿想看网页。其实网络上的很多平台是可以被自己利用的，甚至可以用来去实现自己的梦想，这就要看自己是想做被动的一方还是主动的一方了。家长要引导孩子将网络作为一种工具，充分利用网络资源来扩充知识，提升自己，而不是仅仅将其作为娱乐的工具。

4. 让孩子多学习网络礼仪

除了对网络使用技术与能力的指导，家长还应该让孩子多学习网络礼仪，包括不发表攻击性的言论，不滥发电子邮件，发表意见和文章时应注意礼貌等。这样，不但可以学会尊重别人，也可以避免一些不必要的争端和冲突。

5. 让孩子做到“五要五不要”

家长应教育孩子要善于网上学习，不浏览不良信息；要诚实友好交流，不侮辱欺诈他人；要增强自我保护意识，不随意约见网友；要维护网络安全，不破坏网络秩序；要有益身心健康，不沉溺于虚拟空间。

第二节　家长要学习网络知识

21 世纪是信息化的时代。在高度信息化的社会中，要按照信息社会对社会成员的要求培养孩子，使孩子具备在新世纪中生存、竞争和发展的能力。在信息化社会中，网络是我们生存的新空间。网络，作为具有交互性、多媒体和海量信息库的新兴媒体的崛起，深刻地改变着人类对世界的感知、认识与参与方式，并且由此带来一系列全面的社会变化。从这个意义上来说，认识、掌握网络，就意味着认识和把握未来。

一位学者曾经说：“在农业社会，父母是子女的老师，因为经验在农业生产中起决定作用；在工业社会，父母与子女之间互相学习，因为学习某项技能的时间早晚起决定作用；而在现代社会，由于青少年对新生事物的敏锐，子女甚至掌握了比父母更多的知识。”因此，当代父母不仅要面对传统意义上的代际认知差异，还要应对信息爆炸带来的父母权威的失落。要想做一个不落伍、能获得孩子认可和敬重的父母，终身学习不可或缺。

“女儿瞧不起我们，太让我们伤心了！”在一家事业单位工作的胡先生无奈地说道。

胡先生和妻子程女士是一对比较开明的父母，从不无端干涉孩子。平时，他们让女儿可可自由上网，也希望和女儿交朋友，多沟通交流。遗憾的是，可可每次在网上和同学有说有笑，无话不谈，却不愿意同自己的父母交流，总认为父母什么也不懂。

“你想了解她，和她谈心，她敷衍你。说多了，她干脆回一句：‘你连上网都不会，你还没我懂得多，还好意思教育我。’”程女士伤心地说。

胡先生感叹：“孩子的态度使我们既伤心又无可奈何。我们对孩子了解得越来越少，对孩子的影响力越来越小，而孩子对成人世界知道得越来越多了。不及时学习，教育孩子都没底气了。”

随着信息网络时代的到来，越来越多的父母因电脑知识的缺乏而遭受孩子的轻视，父母的传统权威正受到前所未有的挑战。过去，孩子们获得知识的途径很狭窄，父母是孩子学习模仿甚至崇拜的对象，父母的权威无比高尚，家庭教育显得很有力度和高效，但信息网络时代在一定程度上改变了这一切。

一项调查发现，若父母不懂电脑，与子女的鸿沟会扩大，并可能导致亲子关系恶劣；家长具有上网知识，有助于双方沟通及改善亲子关系。调查表明，家长是否掌握足够的电脑知识对于亲子关系非常重要，约一成不懂电脑知识的父母与子女的关系是“恶劣”或“非常恶劣”。相反，71.6％的受访者形容与懂得上网的父母的关系为“融洽”及“非常融洽”。

不可否认，信息技术的普及从实质上改变了中国传统的家长与孩子的关系，使两代人变得平等起来。网络时代的青少年更多的是在同辈之间相互学习，老师、家长的社会权威地位逐渐削弱。要想让孩子在利用网络的正向功能上得益，利用网络促进其学习和成长，做到健康地、有自控力地上网，父母就必须掌握基本的网络知识。不了解网络究竟奇妙在哪些地方，父母就不会知道网络为什么会有那么大的魔力吸引孩子，让孩子整天痴迷网络游戏，父母就不能真正站在孩子的立场，理解孩子。不了解网络，父母就不会知道网络是具有强大功能的现代工具，是一个现实世界中任何图书馆都不能与之相比的巨大的知识宝库，孩子可以在网络上汲取应有尽有的、取之不尽的知识营养。不了解网络，父母就不会知道，健康上网对拓宽孩子的知识面、开阔孩子的视野、提高孩子的综合素质具有很大的促进作用。不了解网络，父母就不会对孩子的上网采取理性的态度，也不会对孩子的上网给予正确的引导和科学的管理，而只会受社会上对网络偏狭的负面看法的影响，视网络为“洪水猛兽”，对孩子的上网给予坚决的反对和武断的禁止，导致孩子对父母逆反，对上网更加地向往，沉溺上网而染上网瘾。

在当代，在电脑和网络知识学习方面，家长和孩子处于同一起跑线，但许多家长由于工作繁忙或其他原因，根本没有时间去学习，即使自己是高学历，也难以应对孩子提出的各种问题。作为父母，应该理解和适应这种平等，在家庭中积极推行亲子共学。

教子有方小课堂

随着社会的快速发展和个体意识的觉醒，父母们越来越关心孩子遇到的各种问题。父母已经不再只满足于把小孩生下来，让他吃饱穿暖，还需要学习如何为人父母，在孩子成长的每一步了解孩子的心理，指导孩子的行为。为了不被孩子嫌弃，不被时代抛弃，家长应该加强学习，与时俱进。

1. 为孩子树立学习的榜样

如果家长自己沉迷于网络游戏、网络聊天等活动，孩子必然“看在眼里、记在心上”，一旦有机会便会效仿。同样，如果家长抵制网络，不愿意学习网络技术，不利用网络学习新知识，那孩子也会反感新技术，不愿意接触新事物。因此，作为家长，应不断加强学习，给自己充电。只有这样，才能与孩子有共同语言，才能更有效地指导孩子。

作为家长，要学习一些必要的网络知识，提高对网络两面性的认识，密切关注自己孩子的上网动态。父母只有学会使用计算机或互联网，才能真正了解计算机或互联网能做什么，才能真正理解计算机文化。

2. 向孩子学习

家长除了教育子女，还要向他们学习。孩子成长在科学技术飞速发展的信息时代，他们不仅乐于接受新鲜事物，而且获取这些知识的能力远远超过父母。家长要善于发现孩子的优点和特长，并虚心向孩子学习，这样，不仅有利于亲子关系更进一步，孩子也会有更充足的自我成长动力，还有利于父母自身素质的提高。

3. 参与比指导更重要

家长要加强对孩子的人文关怀，要跟上自己的孩子，不落后于孩子，要和孩子一起上网、一起成长。家长要成为现代生活的积极参与者，而不是一个旁观者。不参与孩子的生活就无法指导孩子，参与才会有共同语言，才能有效沟通和指导。

第三节 引导孩子利用网络促进学习

随着网络时代的到来，一种全新的学习方式展现在我们的学习生活中，那就是网络学习。网络学习比起线下学习更具有系统性、灵活性。学习者可以根据自己的知识背景，对外部信息进行主动选择、加工处理，从而获得知识。

网络学习主要采用自主学习和协商学习的方式。相对传统线下学习活动而言，网络学习有以下三个特征：一是共享丰富的网络化学习资源；二是以个体的自主学习和协作学习为主要形式；三是突破了传统学习的时空限制。

网络是未成年人进行自主学习的有力帮手，也是一个不可多得的学习工具。网上有名目繁多的学习资源，有令人目不暇接的卡通节目，有让人流连忘返的各种游戏……孩子们掌握了网络技术，无疑是为自己添上了一双翅膀，可以在更广阔的空间里自由翱翔。

利用网络学习是一种趋势，但对于那些心理和生理都不成熟的孩子来说，需要家长时时监督和引导。

黄女士的儿子恺恺今年上八年级。最近，恺恺经常叫嚷说玩“泡泡堂”游戏没意思，要安装“传奇”游戏。

一天，黄女士趁恺恺不在家时，对家里的电脑来了个彻底清查，将电脑中的游戏软件全部卸载，取而代之的是一些学习软件。恺恺回来之后，果然大吵大闹。黄女士没有发怒，而是要求和儿子一起学习剪辑和制作影片。果然，聪明、好奇心强的恺恺很快就迷上了这个新鲜玩意儿。看着自己亲手制作的“卡通电影”，恺恺觉得特别有成就感。现在，恺恺逢人便说自己将来想当一名制片人。

当一个孩子的成就感越多，他的自信心就越足。成就感是促进人自信，激励人进步，帮助人迈向成功，实现自我价值的内在动力，是一种积极的人生体验，对于孩子来说，拥有成就感，就像是在孩子的内心装上了一部发动机，让他有了冲刺一个又一个目标的动力。

网络学习，是对孩子自控能力、自检能力、自学能力、自悟能力、自激能力、自评能力的综合考量。由于网络的普及，网络学习的优越性日益显著。

网络学习主要有以下几个优点：第一，可以获取最新信息。互联网信息量大，信息交流速度快，实现了全球信息资源的共享。家长要引导孩子根据自己的需求，在网上浏览世界，认识世界，开阔他们的视野。第二，可以接受学科辅导。现代教育正在朝着多媒体化、网络化、信息化的方向发展。网络学习资源可谓汇通天下、贯穿古今。传统的学科如语文、外语、数理化等应有尽有，现代新潮的领域如计算机通信、程序设计、网页设计、三维动画等学习资源也比比皆是。第三，孩子的学习可以不受传统教学模式下时间和空间的限制。

网络学习同时也存在一些弊端：第一，孩子在网络背景下学习，由于自主性加大，在学习过程中往往容易下意识地只注意自己的心理顺序，而忽略了学科本身的逻辑顺序。第二，家长不放心、不习惯孩子的自主学习，不是担心贪玩，就是担心不会，不敢放手让孩子自主获取知识、自主探寻研究答案。第三，网上资源纷繁复杂，尤其是还有许多不健康网站，很难保证孩子学习不受消极信息的影响。第四，一些网上课程往往没有教师指导，百分之百依赖孩子自学，造成失败或无效学习的可能性会加大。第五，孩子的思维容易中断。第六，不利于师生之间的情感交流。第七，青少年由于在认知水平、辨析能力等方面都不成熟，面对网上的多元价值观时往往难以做出正确的选择。第八，网络学习中存在情感淡漠和情景变异的可能性。

教子有方小课堂

科技是社会发展到一定程度的必然产物，所以对于它们所衍生出来的新事物我们是无法拒绝的。对于身处新时代的孩子们来说，虽然他们赶上了一个好时代，但是社会对他们的要求也越来越高。要让孩子学会学习，只啃书本是不够的，还必须利用网络进行学习，而网络有利有弊，只有在家长良性的教育与引导下，网络才能成为孩子学习的良师益友。

1. 帮助孩子制订学习计划

学习计划应包含生活计划与学习计划，涵盖生活和学习时间的安排。家长需要参照学校教学安排时间表来帮助孩子制订学习计划，包括作息安排，做到劳逸结合。制订好计划后要时刻注意计划的执行情况。

2. 营造陪伴的好氛围

首先，家长作为教师的陪伴。既然在家学习无法完全依靠老师，那就需要家长上阵，担起教育孩子的责任。有能力的家长，就当孩子的老师，为孩子答疑解惑，搞好网课辅导。其次，家长当好孩子的同学。能力不足的家长就当孩子的同学，陪伴孩子共同研究学习问题。最后，家长给孩子当学生。家长既不能给孩子当老师，又不能给孩子当同学，那就给孩子当学生，让孩子听完课后再给家长讲一讲，用这种方式促进孩子的学习，促进亲子共成长。总之，在家长高质量的陪伴下，孩子上课才会有好的效果。

3. 做好后勤保障工作

一方面，家长应尽量给孩子准备一个专门的学习场所。在条件允许的情况下，为孩子准备一个独立的房间；若做不到，则有必要在家里选择一个固定的位置，为孩子专设一处学习的小天地。另一方面，要给孩子营造一个合适的学习氛围。要安静，不要有电视声、麻将声和谈笑声等噪声；要整洁，一些与孩子上课无关的电子设备和物品要拿到孩子视线之外。

4. 要与教师保持经常性的沟通

首先，当孩子有的知识点没有弄懂、家长也无能为力时，或孩子有厌学情绪时，家长都应该主动与老师沟通；其次，家长要帮助老师了解孩子，给老师介绍孩子的性格特点、特殊情况，提供孩子在家生活的相关信息。家长和老师相互配合，才能更好地达成教育目标。

第四节　指导孩子防范电信诈骗

电信诈骗是指犯罪分子通过电话、网络或短信等方式，编造虚假信息，设置骗局，对受害人实施远程、非接触式诈骗，诱使受害人给犯罪分子打款或转账的犯罪行为。电信诈骗的主要特点：一是电信诈骗的蔓延性比较大，发展很迅速；二是诈骗手段翻新速度很快，翻新的频率很高；三是团伙作案，反侦查能力非常强；四是跨国跨境诈骗比较突出。

随着现代科技的发展，我们的生活有了极大的改善，但同时，一些不法分子利用高科技诈骗钱财，危害人们的财产安全。面对电信诈骗，要防患于未然，从小就要培养防诈骗的意识和能力，这需要家庭与学校的共同努力。

初中生张晓是某明星的粉丝。一次她点赞了一篇关于该明星的文章，还加了对方的QQ好友。第二天，张晓看QQ的时候，发现对方发了一篇关于充值返利的文章，意思就是：充值100元，十倍返利，返还1000元；充值1000元，十倍返利，返还10000元。看到巨额的返利活动，张晓信以为真，联系对方了解具体的操作过程。

在详细介绍操作流程后，对方开始逐步诱导张晓打款。在对方的指导下，张晓先充值了200元，对方在收到200元钱以后，说张晓的微信余额不足2000元，因此没有办法向她返款。于是，张晓在父母睡着了以后，把她妈妈的手机拿了出来。

张晓打开妈妈的微信，然后向自己微信里面转款，凑够了2000元。诈骗分子看到张晓发过去的截图后，要求张晓把2000元也转过去，并称会一起返还给她。张晓把2000元转过去后，对方称系统有错误，需要再支付钱款才能返利。就这样，在诈骗分子的逐步引诱下，短短3个小时内，未成年人张晓便向诈骗分子转了26万余元。其间，张晓通过微信、支付宝把她妈妈的银行卡、微信余额、支付宝余额、花呗、微粒贷里面只要能套现的钱全部转空。诈骗分子为了尽快完成针对未成年人的诈骗，还亲自发语音教张晓如何操作进行转账。

第二天，张晓的父母发现钱被孩子转空后，立马报了案。公安机关高度重视，抽调多重警力进行调查。

追踪以后发现钱已经被套现了，套现地点包括各种便利店和商场。警方立马出动人员对地点进行摸排。经过不断追查，警方发现了 3 个线下洗钱团伙和 1 个线上洗钱团伙，成功抓获犯罪嫌疑人，并对嫌疑人上线进行追查。警方立马行动，成功将这一多层级的诈骗团伙抓捕归案，现场缴获大量手机、银行卡等。

最近几年，诈骗案件持续多发，并且随着经济和科技的发展，电信诈骗的手段也在不断翻新，让人防不胜防。

电信诈骗常用的骗术有：（1）冒充邮政、电信、公安局、法院、检察院等工作人员进行诈骗；（2）以“某某节目中奖”等方式，要求缴纳押金等进行诈骗；（3）以“猜猜我是谁”等方式，冒充熟人进行诈骗；（4）谎称网银密码器升级以获取账号、密码等进行诈骗；（5）虚拟绑架等以缴纳赎金为由进行诈骗；（6）网购时让买家进入钓鱼网站进行诈骗；（7）发放“补贴”诱惑进行诈骗；（8）编造小孩发生事故进行诈骗；（9）冒充黑社会威胁索财等进行诈骗；（10）二维码内植入木马或短信中暗藏木马链接进行诈骗……

教子有方小课堂

在家庭中，家长要多学习，多宣传电信诈骗可能会出现的手段，严加防范，同时还要提高孩子防诈骗的能力。

1. 提高孩子对骗术的识别能力

学生的防诈骗教育离不开家校双方的协同配合。学校应重点把控孩子的消费方式和消费途径，加强校纪校规及人际交往方面的教育。家长要管好自己的钱财，包括银行卡及其账号密码、验证码等，从源头上阻断诈骗。家庭和学校都要加强对孩子的反诈骗教育，让孩子认清电信诈骗的套路，提高孩子对电信诈骗的认知能力。

2. 教育孩子做到“五不一要”

（1）不透露：不向陌生人透露自己及家人的个人信息、存款、银行卡等情况。

（2）不轻信：不轻信不明电话或手机短信的内容。

（3）不转账：不随便扫二维码，更不能向陌生人或不明账户汇款转账。

（4）不贪小便宜：要知道，天上是不会掉馅饼的，“馅饼”其实是陷阱。要克服贪小便宜的心理。

（5）不要用公共 Wi-Fi 登录网银：公共场所的 Wi-Fi 容易被不法分子植入木马，登录涉及资金的账户，可以使用运营商流量，尽量不要使用公共 Wi-Fi。

（6）要及时报案：万一上当受骗，要立即冻结银行卡并向公安机关报案，可直接拨打 110，提供骗子的账号和联系电话等详细信息，报案越早，追回被骗钱财的可能性越大！

第五节　家校社合作共同培养孩子的媒介素养

媒介素养主要有三个层面，即能力模式、知识模式和理解模式。就能力模式而言，指公民所具有的获取、分析、评价和传输各种形式信息的能力，侧重的是对于信息的认知过程。知识模式观点认为，媒介素养就是关于媒介如何对社会产生功能的知识体系，其侧重点是信息如何传输。而理解模式的观点声称，所谓媒介素养就是理解媒介信息在制造、生产和传递过程中受到来自文化、经济、政治和技术诸力量的强制作用，侧重的是对于信息的判断和理解能力。

概括地说，所谓媒介素养就是指正确地、建设性地享用大众传播资源的能力，能够充分利用媒介资源完善自我，参与社会进步。主要包括公众利用媒介资源的动机、使用媒介资源的方式方法与态度、利用媒介资源的有效程度以及对传媒的批判能力等。

媒介素养的内容包括：一、了解基础的媒介知识以及如何使用媒介；二、学习判断媒介信息的意义和价值；三、学习创造和传播信息的知识和技巧；四、了解如何使用大众传媒发展自己。

在现代社会，媒介无时不在，传播无孔不入，处理好人媒关系至关重要。

贝贝今年刚上七年级，由于信息技术成绩突出，已经被同学们公认为是班上的“电脑小老师”了。

贝贝的爸爸是某高校的计算机教师。从小，贝贝的爸爸就很关注贝贝的思想品德和媒介素养的培养。贝贝5岁时，贝贝的爸爸开始使用多媒体和儿童益智教育软件对她进行智力开发，还经常带她在网络上搜索优质的儿童教育资源来加以利用。贝贝上小学后，多次获得信息技术方面的竞赛奖项。

在班里，她不仅热心指导那些不会操作电脑的同学，还经常用所掌握的电脑知识帮老师处理班级事务。四年级时，贝贝在爸爸的帮助下申请了博客，她开始在博客上记日记，锻炼媒介参与意识和创作能力。自从有了自己的博客，贝贝比以往任何时候都更喜欢学习和钻研。为了不耽误学习，贝贝每次放学回家都会先做完作业再打开电脑。她还和爸爸约定要遵守全家一起制定的电脑使用规则，包括奖惩制度。有了爸爸妈妈的信任与鼓励，贝贝对于新媒体的兴趣更高了，媒介素养也不断得到提升。

贝贝的家庭媒介素养教育是成功的。她的成功不仅仅是因为其父是计算机教师，更重要的是父亲能够先对贝贝进行思想品德方面的教育，使贝贝成为一个"懂事的孩子"；还有很重要的一条就是为孩子制定规矩和奖惩制度，并严格执行。其实，媒介素养教育从来都不是孤立进行的，它基于孩子健康的人格和心理，而健康的人格和心理是需要培养的。从贝贝的成长经历可以看出，家庭媒介素养教育非常重要，这是学校媒介素养教育的基础，是学校教育所不能取代的。家庭、学校和社会的媒介素养教育相互配合，互为补充，才能达到最佳的教育效果。

目前，媒介已成为唯一不间断的社会化主体，对青少年成长的作用越来越大，互联网的传播方式和传播内容对青少年的生活方式、思想观念、道德品行、审美情趣的形成和发展均产生重要而深刻的影响。在青少年世界观、人生观和价值观形成的关键时期，这一影响不仅是广泛的，而且是巨大的和无法回避的。然而，面对排山倒海、良莠不齐的信息潮，青少年群体也是抵抗力较差的弱势群体。他们涉世未深，思想单纯，易受经验局限的束缚，被各式各样的流量噱头和娱乐软件吸引而迷失方向。近年来，青少年群体中因沉迷网上虚拟世界而与现实环境脱节所导致的精神空虚、文化断裂、学业荒废、人际关系冷漠等问题屡见不鲜。

在网络所提供的虚拟空间中，很难形成与现实世界一样强烈的社会规范，有些行为也难以受到法律的明确约束。青少年缺乏辨识能力，如果他们把一些不合情理、超越经验的虚拟内容合理化接受，养成任性、放纵、不负责任、不守规矩等不良习惯，还应用到现实世界，就会给社会带来负面影响。建设健康的网络环境人人有责，这方面的教育必须从孩子抓起，从家庭抓起。

教子有方小课堂

提起媒介素养教育，许多教育者和家长会感到陌生。其实，这项以青少年为主要教育对象的活动已在世界范围内蓬勃开展，并在许多国家发展为终身教育。我国的媒介素养教育尚处于起步阶段，家庭要补上这一课，要与学校、社会配合，共同培养孩子的媒介素养。

1. 家长要先提升自己的媒介素养

身处互联网时代的家长，家长自身的媒介素养也有待提高。首先，家长应该提升自己的媒介素养，以身作则，不做饭桌上或是聚会场合中的“低头族”；其次，家长要对孩子的媒介使用行为进行积极引导，并且展开一定程度的行为监控，如发现不良行为则应予以干预或者及时制止，鼓励孩子从新媒体使用中学习新知，规避负面影响。

2. 学校要将媒介素养教育融入学科课程

学校是青少年接受系统化、专业化教育的专门场所，应充分评估媒介对青少年发展的深远影响，分层次开设相关课程，指导学生理解媒介环境与现实环境的区别和联系，了解信息传播流程，建构反思和批判意识，让学生通过亲自参与制作视频节目、微电影等媒介产品的活动，培养获取信息、创造信息的能力和对媒介的应用能力。

3. 发挥社会组织的作用

社会相关组织如政府机构、文化场馆、社区、公益组织的存在促进了社会的整体发展与稳定运行。从发达国家的相关经验来看，青少年媒介素养教育的开展离不开社会组织的多方支持。我们应充分发挥社会力量，通过开展相关公益讲座和展览、举办专业论坛、出版书籍、宣传手册、建设网站、运营公众号、提供咨询等方式营造健康的媒介环境，助推青少年媒介素养水平的提升。

4. 发挥新媒体平台的实践基地作用和主流媒体的引领作用

一方面，运用新媒体的参与性为青少年媒介素养的培育提供锻炼平台。《国家中长期教育改革和发展规划纲要（2010—2020 年）》明确将参与式教学列为中小学的三大教学方式之一。在开展青少年媒介素养教育的过程中，应充分发挥新媒体参与性强的特征，让学生不仅借助新媒体接收和查询信息、开展社交、获取娱乐，而且制作和发布作品、参与网上讨论，在实际应用中培养思辨性反应能力，做一个成熟的信息接收者和传播者。另一方面，要强化主流媒体在多元文化形态中的引领作用。青少年注重媒介的参与性和交互性，追求自身主体性的充分发挥。因此，传统主流媒体宜顺应新的传播形势，不断创新传播模式，与新媒体平台开展“跨屏联动”，以活泼新颖的方式打造适合青少年的高品质传播内容，并赋予他们更多的参与机会，借此实现主流媒体的文化引领，为青少年传媒素养水平的提升和素质教育的开展打下坚实的基础。

第六章　青春期性教育

性教育是有关性的教育，包括生理、心理、社会等层面。性教育可由广义和狭义两方面探讨，性教育单就生物学的观点可包含男女生殖器官不同、怀孕分娩过程和性病认识等；广义来看则探讨个人心性的发展、情感处理、对恋爱和婚姻及整个社会与人的沟通。性教育可以分为性生理、性心理、性病理、性伦理及性法理等五个层面，由个人面向往外扩展至与他人的互动，从单纯的生殖器官认识到恋爱的交往和性别角色等均包含其中，是由出生开始且终其一生的学习。因此，性教育是生活教育亦是全人教育，是一种多元化的生命教育。

有研究发现，性教育观会影响孩子今后的人格形成。性教育已被视为一种人格教育，对性教育的理解，早已突破了生理的层次，达到社会和人性相结合的高度。因此，性教育是培养青少年健全人格，以适应社会和家庭生活的重要途径。家长应以严肃而科学的态度来对待性教育。

第一节　初中生的生理和心理特点

初中，是孩子已经脱离儿童群体又尚未进入成人行列的过渡时期，属于少年期和青年早期，俗称“青春发育期”，简称“青春期”，心理学上称为“心理断乳期”。这个时期是人体发育迅猛、心理变化急剧的时期，也是性萌发并趋向于成熟的时期。初中生是社会的特殊群体，他们开始摆脱幼稚，逐步走向成熟，同时又处于人生的十字路口，面临人生道路的选择和开拓。

青春期的生长发育状况很明显地反映在其体态变化上，这些变化常以身高、体重、宽度和围度等指标来衡量。

随着身体的发育，初中生在心理上也发生了变化。人的生理发展与心理发展是密切联系的，在人一生的大部分时间里，生理发展与心理发展的速度是相互协调的，因而使个体的身心能处于一种平衡、和谐的状态。但初中阶段是人类个体生命全程中的一个极为特殊的阶段，初中生的生理发育十分迅速，但其心理发展的速度则相对缓慢，心理水平尚处于从幼稚向成熟发展的过渡时期，这样，初中生的身心就处在一种非平衡状态，从而引起种种心理发展上的矛盾，主要是稳定性和可变性的矛盾、共同性和差异性的矛盾、独立性与依赖性的矛盾、闭锁性与开放性的矛盾、勇敢和怯懦的矛盾、高傲和自卑的矛盾、向上性与盲目性的矛盾、否定童年又眷恋童年的矛盾等。这些矛盾不解决，就会严重影响青少年的健康成长。因此，根据初中生的身心特征，提高教育能力，让孩子顺利度过青春期，是每一个初中生家长必须解决的问题，也是义不容辞的任务。

故事一：王女士的女儿慧慧今年13岁，体重却已经达到160斤。王女士说："我闺女现在已经是班里体重最高的了，老师三天两头打电话提醒她少吃多运动，我也担心等她青春期懂得爱美爱漂亮的时候，体重问题会影响她的心理发育。真不知如何是好！"

原来，慧慧的爸爸何先生本身就属于偏胖体型，体重200斤。因此，慧慧的肥胖也有一定的遗传因素，再加上王女士厨艺精湛，每天一日三餐不重样儿地按女儿的口味准备，慧慧想吃啥就能吃啥。慧慧不爱吃蔬菜，喜欢吃面食，爱吃肉，爱吃油炸食物，不喝白开水，碳酸饮料是最爱，她还不爱运动。长此以往，慧慧也就越来越胖了。

故事二：一个周末，初中生小勇邀请他的同学来家聚会。大家玩得正开心时，小勇的妈妈回来了，看到家里乱七八糟，非常不高兴，当着同学的面指责了小勇一番。看到这种情况，同学们就都走了。

同学走后，小勇的妈妈继续数落儿子："前几天你放学就上游戏厅，作业完不成，老师电话打到家里来；这两天不上游戏厅了就总看电视，再不就跑出去疯玩；今天又把同学领家来闹。你就不能干点儿正事儿？就不能把心放在学习上……"小勇觉得非常委屈，一气之下就到姥姥家去住，每天都从姥姥家直接上学。母子俩冷战了两个星期，最后还是妈妈主动承认错误，缓和了矛盾，小勇才肯回家。

故事一反映的是初中生身体发育过于肥胖的现象，说明青春期的生长发育状况很明显地反映在其体态变化上，这些变化常以身高、体重、宽度和围度等指标来衡量。初中生的肥胖问题开始困扰不少家庭。同时，与"小胖墩"相反的"豆芽菜"也不容忽视。无论胖瘦，营养过剩或营养不良造成的肥胖和瘦弱都是要家长重视的问题。在生活中，营养过剩和营养不足都会影响孩子的身体健康。处于成长期的初中生营养不均衡会影响发育，发育不良会影响智力，智力又会影响到各方面能力的形成。所以家长要时刻注意孩子的饮食健康，防止过胖或过瘦。

故事二反映了初中孩子被伤自尊导致的心理问题。初中生生理上的急剧变化，也给他们的心理活动带来巨大影响，使其情感世界充满风暴。孩子到了初中后，自尊心更强，且心理比较脆弱，极易受伤。如果能得到大人的尊重，他们会感到快乐，变得自信，从而更加积极向上；如果家长经常觉得孩子不懂事，对孩子任意批评、指责，甚至打骂，伤了孩子的自尊心，那孩子就容易产生自卑、紧张、退缩和敌对情绪，甚至对家长产生怨恨，和家长对着干，变得难以管教。保护青春期孩子的自尊心，比你想象中的重要！

教子有方小课堂

作为家长，或多或少都经历过教育孩子的困惑，而青春期孩子的家长有着更多的教育孩子的烦恼。如何引导青春期的孩子健康成长，这是家长需要学习和探讨的问题。

1. 学会尊重孩子

对于青春期孩子的教育，家长要改变方式，不能动不动就指手画脚，强行命令。当孩子出现问题时，家长可以给孩子提出原则性、合理化建议，尽量用商讨的方式，心平气和地与孩子进行分析，交换彼此的想法。平和的语气和尊重的态度，可以更好地获得孩子的理解和认同，会让孩子信任家长的判断，从而领会家长的要求。

2. 任何事情都要从理解出发

青春期的孩子对父母说得最多的一句话就是："你们不懂，所以我没必要解释。"这句话堵住了所有沟通的可能性。所以，家长可以先试着了解孩子们的想法，就算不能完全同意或者接受他们的观点和行为，但至少可以设身处地地站在孩子的立场想一想。比如，家长可以这样开头："爸爸妈妈很理解你，知道你很难过很委屈，但是……"先表达理解再告诉他们什么需要改变，这样，孩子比较容易听得进去。

3. 给孩子一些自主性

青春期的孩子最大的特点就是开始有自己的想法和观点，这其实并不是坏事。作为家长，在这个阶段给孩子一定的空间，反而会帮助他们变得更加独立与自信，亲子关系也会变得更融洽。但这并不代表要放任孩子做一些错误的决定，而是给孩子一些自主的机会，让他们自己判断自己的错误。比如孩子晚上玩电脑玩到很晚早上不能按时起床，家长不要急着告诉他这样不对，而可以间接地问："你自己觉得怎样才可以按时起床呢?"这样给他们一些机会自己想解决办法。自己想的办法，自己就比较愿意落实。

4. 做个倾听者

建议家长做一个可靠的倾听者，听听孩子的烦恼与想法，体会其中出彩和珍贵的地方，这样既可以了解孩子的想法，也可以给彼此一个交流的机会。对于孩子的想法，家长不要急于给评论或者过分同情，给孩子提供一个舒适的倾诉空间。家长偶尔也可以装个傻，来个明知故问，让孩子炫耀一下他的小成就和爱好，让他有自信也有动力继续做下去。

第二节　家庭中的"双性化"教育

所谓"双性化教育"是摈弃了传统的、绝对的"单性化教育"后，产生的一种家庭教育新理念。

根据本姆的双性化理论，人的性别倾向可分四种：男性化、女性化、双性化和中性化。前两者性别特征典型，个体发展局限平庸；中性化缺少显著的性别气质，个体发展较为片面，难以发挥原有的性别特色，反而具备另一性别的缺陷；而双性化是最为理想的性别模式，它集合了两性优势，在自我概念、社会适应、情绪调控、压力化解、人际关系上都优于单性化者。

心理学研究指出，传统单一的性别角色模式是不尽理想的，过于男性化的男人和过于女性化的女人，其智商、性别等方面的发展均比较片面。尤其在当今信息化社会，面对复杂的工作和人际环境，需要一种更有利于个人潜能充分展现的性别角色模式，双性化人格理论给我们提供了一种新的思路。而人的性别角色和性别化行为的形成，与少儿时期的性别教育密不可分。

双性化人格理论认为，双性化人格是一种兼有男女两性人格优点的综合人格类型，既有男性的阳刚之气，又有女性的阴柔之美。具有双性化人格的个体，更能表现出独立性和自信心，兴趣广泛、感情丰富、为人热情，能够更加灵活有效地应对各种情境。一些心理学家研究发现，在人格发展水平上，双性化者明显优于男性化、女性化和未分化的个体；在社会生活中，双性化者自我概念更加完善，具有更高的灵活性和更强的社会适应能力。

故事一：顶顶今年 14 岁，在同学中个子中等，却是班级里最“弱势”的一个男生。

“他最近经常离家出走，每次都是躲起来哭，有时候是因为考试没考好，有时候是同学说了什么，让他觉得伤到自尊心了，有时候我们对他说话稍微重了一些，他也会哭。”顶顶的爸爸对此很担心。

顶顶从小就很细腻，穿衣打扮也是秀秀气气的，到了青春期，还总是哭哭啼啼的。对于顶顶爱哭的个性，顶顶的妈妈一直很忧虑：“我们不知道应该怎么引导他，有时他爸爸很生气，说男孩子应该有男孩子的样子，哭什么啊？有问题就解决。我们不知道是因为他还小，还没来得及适应初中生的成长，还是我们平常对他的要求太严格了。”

故事二：“这丫头经常穿着大T恤和破洞牛仔裤就出门了，跟我们说这种打扮比较酷；头发也很短，常常被人一眼认成男孩子。每次陪她去理发，都有人在猜她到底是男生还是女生。听说，她在同学中还有些‘声望’，说句话很多同学都会拥护她，给人的感觉就是蛮霸道的。”提起女儿宁宁的这些行为，宁宁妈妈是又好气又好笑。

宁宁今年上七年级，学习成绩不错，但和同龄的女生相比，宁宁的举止行为有些“酷”。她性格潇洒不羁，在家说话也是干脆利落，很少见她像女孩子一样撒娇。

“她还喜欢追星，常常拿着偶像的照片给我看，然后让我猜是男的还是女的，那些长得细腻精致、留着长发、举止温柔的居然是男孩子……怎么现在的男孩女孩反着来呢？”宁宁妈妈很担忧，“男孩女孩的打扮分不清性别，这实在让人不能理解。”

故事一反映了男孩顶顶具有某些女性化特征。在过去的男权社会里，对一个男人最简单的评价就是“阳刚”，在传统意义上，男人独立，有责任心，负责赚钱养家，是一家之长等，这种观念在今天的社会中依然占有主导的地位。如今，“暖男”一词如同清新的和风扑面而来，暖男得到了社会大众的广泛好评。暖男本质上是双性化人格的一种，双性化男子不仅具有男性的特质，也融入了女性的特质。这里所说的双性化男子并不等同于“娘娘腔”。“娘娘腔”在心理和行为上表现出女性化的取向，这种取向并不是一种健康的心理状态，该词也带有贬义的感情色彩，而双性化男子拥有健康的心理，行为举止是被社会认同的。男性双性化首先反映了女权主义的价值观对男权社会的影响和渗透，其次也表现了女性地位的提升，有了更多的话语权。

故事二反映了女孩宁宁具有某些男性化特征。这样的一类人对待生活自信乐观，或许她们并没有惊艳的容貌，但是她们能够欣赏自己的美，让人觉得很有魅力。她们的出现让我们不再认为脆弱是女人的代名词，刷新了人们对女人的认识。这本质上就是双性化人格的体现。双性化女子在人群中所占的比例越来越大，将成为社会发展的趋势。

在现代化程度逐步提高的今天，男女性别的差距正在缩小，男性可以显示出女性的温柔、细心，女性也可以像男性那样大方、爽朗，双性人格可能成为我们社会中的理想性别角色类型。总之，具有双性化人格的个体，是在保留本性别固有特征基础上，糅合异性的优秀特征，即不论是男生还是女生，在发挥自己“性别”优势的同时，能注意向异性学习，克服自己性格上的弱点。双性化人格理论对性别特质类型的划分方法为人们正确理解男女两性差异和性别教育提供了新的视角。

双性化不仅指服饰、发型等表层特征的双性化，更指内在的人格特质的双性化。双性化的人格特质更有魅力，女人温柔、有爱心、细腻、认真，又不失内在的男性品质，比如果敢、刚强；男人有事业心、责任感、坚毅、勇敢，又有女性的柔情。凡是积极的有利于社会进步及个体潜能发挥的心理品质和行为模式男女皆可以追求，但不能走极端，男女两性应在自身性别特征发展完满的基础上追求双性化人格，保留、完善自身性别的生理心理特征。男女还应学会恰当地将双性化人格应用在某些情景之中，当需要文雅有礼时不能武断出格并提出过分要求，需要坚定勇敢时又不能软弱、优柔寡断，男女两性的双性化特征应能适得其所。

教子有方小课堂

家庭对青春期孩子的性别教育很重要。父母是孩子的第一性别样本，身教重于言传。父亲负责任、有担当，母亲善解人意、柔韧处事，父母双方重视合作，相得益彰，能让孩子在日常生活中领会两种性别各自的优势，从而起到潜移默化的作用。

1. 鼓励孩子向异性学习

不论是男孩还是女孩，都应在发挥本身“性别”优势的同时，注重向异性学习，克制本身性格上的弱点，促进身心的全面发展和道德的完善。如，男孩多多学习女孩的细心、擅长表达和善解人意，女孩则多多学习男孩的刚毅、果断和开畅。

2. 增加男女孩子接触的机会

男女生之间的交往，是孩子正常交往的一部分，也是孩子们学习社会生活经验的途径。男女生之间的交往，既要互相尊重，又要自重自爱；既要开放自己，又要把握分寸；既要主动热情，又要注意交往方式、场合、时间和频率。异性交往可以丰富孩子的生活，帮助孩子完善自我。故家长应多为他们提供共同交流、玩耍嬉戏的机会。

3. 不宜将性别特征区分过清

很多性格或者说特征（如热忱活跃、独立自主、坚忍不拔、富有责任心、善解人意等），应是男女两性都须具有的，不宜被视为某种性别专有，家长教育孩子时不宜区分过清，而应两者兼顾，这也是“双性化教育”内涵的重要组成部分。

第三节　家长要主动对孩子进行性教育

“性”是人生的重要议题，两性关系是人际关系中重要的一环。性不只关系着个人的身心健康、家庭的幸福美满，而且会影响社会的秩序和安宁。此外，“性”伴随人的一生，但对它的意识却主要产生于青春期，这时的青少年性意识的发展最快也最显著。自青春期阶段开始，青少年已由潜伏期进入生殖期，此时期所养成的性知识、性态度及行为，对其往后一生的性关系影响深远。

家庭是人出生后最早接触的场所，要做好性教育，第一步应从家庭教育着手。在家庭中实施性教育，已不单只是探讨个人的性生理构造，而是学习由生理层面依照认知过程发展，由浅入深进而在生活中学会爱惜自己与尊重他人。家庭性教育也可以说是一种在家庭生活中的生命教育，对于个人一生幸福的影响颇大。

随着孩子进入青春期阶段，父母除了必须面临孩子在生理与心理上的快速转变，同时也要面对“性”与“亲密交往”的话题。尤其是目前处于网络科技时代，孩子们在网络搜寻到的讯息日新月异，与父母的想法可能大为不同，对其整个家庭及亲子关系更具有巨大的冲击性。正踏入青春期的孩子总是会对不同方面的“性话题”有着好奇，此时，父母要尝试站在孩子的立场上，主动与孩子沟通，并提供适当的建议。

七年级女生薇薇从小生活在单亲家庭，由母亲独自一人抚养她长大。家庭的不完整，导致薇薇一直性格比较内向。

一天，上了一节运动课的她，感觉肚子异常不舒服……为了缓解身体上的不适，她只能忍痛跑去讲台附近接点热水，没想到刚打上水，就被班级里的女同学叫住了，紧接着就传来了男生们的起哄声。一位好心的女同学把她叫过去，悄悄地告诉她：“你裤子有血……好像是……”

反应过来的薇薇，脸色涨红。在同学的帮助下，她请假回了家。

母亲赶回家看到女儿，吓了一跳，以为她在学校遇上了什么事情。看着女儿支支吾吾的样子，她连忙追问了几句，结果就看到孩子的裤子上面一片红色。

“你怎么搞得这么脏……你有没有在外面瞎交朋友？‘脏东西’也来得太早了吧。成天尽给我惹麻烦……”听着母亲的抱怨，薇薇难过地低下了头。

看到因为月经初潮而满脸紧张的女孩，母亲的第一反应竟然不是安抚和引导，而是加重女儿的“羞耻感”，把正常的生理变化形容成“脏东西”。她甚至把“月经”跟两性交往联系起来，质疑女儿的人品，这种教育无疑是错误的。

家庭性教育留下的对身体与性的羞耻感，长久存在于社会观念中，导致父母很少和子女谈论“性”，对“性”话题比较回避，解答“性”问题的知识技巧储备也不足，家庭性教育十分匮乏。

处在青春期的青少年，是性意识觉醒并且从不稳定向稳定发展的时期。每个人在青春期的心理发展历程中，都要经历这样一段“成长的烦恼”——“自我觉醒”的烦恼。随着性生理的成熟，青少年的性意识开始觉醒和萌发，惊喜、紧张、忧虑、惊慌失措……其主要表现为对性知识产生浓厚兴趣，喜欢接近异性，具有性欲望和性冲动等。

尽管现今社会的性态度已逐渐开放，但不少家长仍缺乏与孩子在异性交往观念上的沟通与分享，这也是造成青少年异性交往困扰的主要原因。有研究指出，大多数的家长很少与子女谈论有关性方面的话题。以国情而言，目前大多数的父母在自身成长过程中，他们的父母甚少或从未曾与他们谈论过“性”，学校的课程也多缺乏这方面的着墨。所以现今多数家长仍存在性科学知识不足的现象。

教子有方小课堂

如今的孩子们的性发育大大提前。对于青春期的孩子，父母应主动关心询问孩子的性困惑并对他们进行系统的性知识传授。这样有助于孩子形成一个正确的性观念。对于青春期孩子的生理变化，家长应该详细耐心地解读，帮助孩子形成完整的性知识结构图。

1. 传递科学的性知识

让孩子获得与年龄增长相一致的有关性生理、心理和感情上的应有知识，使孩子对性发展中出现的种种现象（包括自己和他人）能采取客观和理解的态度，消除孩子在性发展中的焦虑和恐惧等种种不良情绪，促进身心健康，帮助孩子正确地认识与处理男女两性关系，抵御色情作品对孩子身心健康的毒害，促进家庭和社会精神文明建设。

2. 家长要提高认识

部分家长甚至认为与子女谈性等于是鼓励孩子提前有性行为，也有家长认为性教育是学校老师的责任，甚至是孩子自己长大以后就会懂的事，基于上述种种想法便忽略了自己就是最佳的教导者。家长对孩子的性教育持什么样的态度决定了性教育的效果。对此，家长要提高认识，不管不问固然不好，而强行管控也不可取。正确的态度就是启发和引导。

3. 家长要学习性科学知识

家长在与子女相处交谈时，若发觉到自己本身性科学知识不足，而无法与子女进行讨论或指导时，就要意识到自己需要加强学习，以提高本身的性科学知识水平。家长要学习性生理、性心理、性道德、性法规等方面的知识，还要学习性社会历史文化知识和性医学等知识，以提高自身的相关素养。

4. 帮助孩子解决性问题

在性教育中，家长应把握机会提醒孩子性病，包括艾滋病的感染途径，以及如何避免得到或者传给其他人。未婚怀孕、感染性疾病带来的代价，会对孩子在做决定的那一刻有所影响。要让孩子了解不管他们发生什么事，家长永远会支持他们，并给予必要的协助；万一事情真的发生了，要思考如何由消极转为积极，努力让伤害降至最低，以协助孩子处理心灵上的负面问题。

第四节　构筑青春期性教育的“防火墙”

防火墙是一种用于监控入站和出站网络流量的网络安全设备，是网络安全的一道防线。青春期性教育借助“防火墙”一词，是指要把好性教育的关口。

当前，我国部分地区的学校、家庭等主渠道关于性的教育功能未能正常发挥，中学生的性知识大多来自书刊、电视、互联网等渠道，易受不正确信息误导。虽然我国中学很早就开设了青春期教育课，但有些学校教师讲得简单、笼统，而家长又羞于与子女谈论性话题，使得性教育很不深入。父母不向子女讲，老师不向学生深入讲。但“性”是人的本能，孩子没有正常的渠道学习性知识，就容易通过非正常渠道获得一些既不完全又未必正确的性知识，导致性心理的畸形发展。

我国的青春期性教育主要是防范式的，大多以防止相关不良后果为出发点。比如避免青少年过早地与异性交往而影响学业，避免青少年偷食禁果而导致怀孕、人工流产和性病、艾滋病的感染等。很多家长只是要求孩子不能这样做，却很少为孩子解释具体的原因。但越是不让孩子去碰触，孩子的好奇心和探知欲就越强，所以往往事与愿违。

许多家长抱着侥幸心理，总以为这样的事情不会发生在自己孩子身上。与其侥幸，不如防范；一旦发生，后悔已晚！

昕昕 15 岁那年，有一天晚自习放学后，在回家的路上，被一个小流氓拦住，欲行非礼时，被小可看到并把小流氓赶跑。小可高大英俊，是班上的学习委员。昕昕平时对小可的印象就很好，经过这件事情之后，昕昕在不知不觉中与小可越走越近，两人成了一对“小恋人”。

一天下午，学校没课，昕昕到小可家学习。当时，小可的父母都上班去了。两个人在懵懂中偷尝了禁果……事后，昕昕虽然有些害怕，却没有往深处想。然而，两个多月后，昕昕发现自己没有来月经，还时常干呕。从有限的一点性知识中，昕昕知道这是怀孕了。当她把这一消息告诉小可时，小可也急得不知如何是好。为了不被父母发现，小可和昕昕商量着找到一家路边小诊所，给昕昕做人流手术。谁也没有想到，由于那家小诊所条件极差，医生临床经验也不够丰富，在手术中引起了昕昕体内大出血。加上昕昕和小可害怕父母知道，延缓了送往医院的时间，最终致使昕昕这个花季少女被死神夺去了生命。

这方面的例子举不胜举，其教训深刻而又沉痛！要从根本上解决问题，必须防患于未然——早点对孩子进行性教育。

性教育不是教“禁欲”。在青少年性教育这个问题上，老师和家长的出发点大多是为了防止“出事情”，这其实是青春期性教育最大的一个误区。

若青春期性教育单纯以防止“出事”为目的，便极有可能被异化为性安全教育。可究竟何种性活动最安全？答案唯有禁欲。如此一来，青春期性教育便等同于贞洁教育了。实际上，性教育的核心目的在于保障青少年的健康。家长一方面要助力孩子构建起道德防线，另一方面也要向他们传递科学的性信息，使孩子们能够切实做到“知情选择”。

教子有方小课堂

性教育是一个社会系统工程，必须做到家庭、学校、社会、舆论协调一致，既要点面结合，将知识的普及教育，共性问题的防治与个别特殊问题的咨询与解决结合起来；又要防与治相结合，一面做好“预防第一”的宣传，一面积极帮助孩子解决实际存在的问题。简言之，就是要家校社联手共筑青春期性教育的三道“防火墙”。

1. 不要让孩子过早接触性生活

进入青春期以后，不管是男孩还是女孩，产生性冲动是非常正常的情况。但是，这个年龄段不适合性生活。一是思想不成熟，不能对自己的行为负责。二是过早的性生活会延缓孩子的成长发育，容易带来疾病。家长可以引导孩子选择合适的释放性压力的方式，如积极参加文体活动等。

2. 引导孩子正确与异性交往

孩子小的时候，没有明确的性别观念，男孩子和女孩子一起玩。但进入青春期后，很多孩子都很敏感，有些孩子对异性产生好感是非常正常的。父母应该注意引导，教他们如何与异性相处，这样他们既不会伤害彼此的友谊，也不会突破束缚，变成幼稚的爱情。不管男孩还是女孩，他们都应该注意与异性相处的界限，保护自己，尊重对方。

3. 给孩子多些陪伴和沟通

家长应给孩子多些陪伴时间，这样才可以随时知道孩子的情况，建立良好的亲子关系，让孩子在发生任何事时都愿意与父母沟通，也愿意采纳父母所提出的方法。

4. 选择合适的教育时机

青春期孩子非常叛逆，不合时机的教育只会使孩子更加反抗，进行性教育时选择合适的机会能让孩子更容易接受。例如，看完一部电影之后，可以和孩子一起对里面的男女主人公的爱情做一些评价等，给孩子正确的引导。同时，家长在对孩子进行性教育的时候要讲究一定的语言技巧，要用朋友的方式让孩子理解这件事的重要性。

第七章　家庭亲子关系教育

亲子关系即父母子女关系。在法律上是指父母和子女之间的权利、义务关系。父母和子女是血缘最近的直系血亲，是家庭关系的重要组成部分。亲子关系是由夫妻关系产生的一种最基本的家庭人际关系。亲子关系直接影响子女的身心健康、生活态度、价值观念等。亲子关系具有不可替代性、永久性、无私性、亲切性等特点。

家长与孩子之间的关系，构成了孩子无形的生存空间。由于这个空间是看不见摸不着的，所以要有足够的智慧才能维系它的存在和发展。亲子关系是亲子教育的基础，可以说，没有良好的亲子关系，就没有好的家庭教育。好的亲子关系本身就是好的教育，亲子关系不仅是教育的方式也是教育的内容。如果亲子关系不好，家长很难教育孩子，家长的话，孩子不爱听也不想听；如果亲子关系好，不仅孩子更加合作，而且在这种亲子关系中，孩子能学会很多，比如平等，如果父母在和孩子的相处中，能坚持自己的原则的同时也尊重孩子的需要，那么孩子就会体验并学会平等待人，将来走出家门，对别人就能不卑不亢。

第一节　父母之爱与亲子关系

几乎每位父母都认为自己是爱孩子的，并且毫不怀疑自己对孩子付出的，是真正的爱。但实际上，很多父母付出的不过是时间、精力、金钱、有条件的爱，给予孩子的，不过是从自己的需求出发的各种要求、期待、控制。

许多父母都认为，孩子是自己生的，爱孩子不用天天挂在嘴上。大多数父母习惯于把对孩子的爱都埋藏在心底。但是，对于孩子来说，他非常需要父母经常通过语言或行为告诉他，爸爸妈妈是爱他的。因为，当你批评或责备孩子时，他就会怀疑你对他是否有爱。特别是当孩子不争气时，父母埋藏在心底的爱就会变成表面的“恨”。由于父母恨铁不成钢，唠叨、训斥，甚至打骂孩子在所难免，久而久之，孩子不但感受不到父母的爱，还会产生“恨”，这两“恨”交锋就会酿成悲剧。因此家长一定要掌握“爱”的艺术。如果家长不善于表达爱，或者不会爱，不具备爱的艺术，那么，就会影响亲子关系；只有懂爱又会爱的家长，爱的暖流才能在孩子的心中流淌，孩子也才能更好地体验到爱，而不是恨。唯其如此，亲子关系才会更加和谐。

男孩安安从小在父母的宠爱中长大，整天无忧无虑地生活着，一直到9岁，他都在尽情地享受着母爱。可是，突然有一天，安安发现妈妈对他的态度变了，不仅不再宠爱他，还整天板着脸教训他。过去每天放学，他都可以吃上现成的饭菜，现在一进门，就只能见到妈妈阴沉着脸，让他自己做饭吃。安安从来没做过饭，请求妈妈继续给他做饭吃，可是，妈妈很生气，拿起饭勺子打了他的屁股，还“恶狠狠”地说：“不会做就跟我学！”就这样，妈妈连拉带扯，硬让9岁的安安学会了洗菜、炒菜、煮饭、蒸馒头。一开始，安安做不好，妈妈就恶声恶气地骂他，直到把菜炒好、把饭做好为止。看见妈妈凶巴巴的样子，安安经常偷偷流泪。

最让安安难以理解的是，本来妈妈每天给他2元的早饭钱也减成了1元，当其他孩子有零花钱买好吃的东西时，他只能把口水往肚里咽。于是，他开始恨妈妈，一看到妈妈板着脸那个难看样，就想离家出走。他想去找在外地打工的爸爸。爸爸知道后告诉安安："爸爸很快就会回来了。"就这样，安安无奈地等待着。

有一天，爸爸真的回到了家里。爸爸进家后，安安立刻扑上去，叫喊着："我不想在家了！我要跟你走！"爸爸什么也没说，带着孩子一家一家转，每到一家，爸爸就给人家下跪，也正是在这个时候，孩子才知道妈妈患了肝癌，需要住院治疗。在好心人的帮助下，爸爸终于把住院的钱凑够了，让妈妈住进了医院。

可是妈妈的癌症已到了晚期，没多久就去世了。母亲走了，父子俩相依为命，这时安安才开始逐渐理解妈妈当初的做法，原来妈妈一直是爱着自己的。

读着这个动人的故事，不禁让人潸然泪下。故事中的母亲深深懂得，要让孩子有发展，必须从小培养孩子的自立能力。为了让孩子获得生活的本领，安安的妈妈用一种特殊"无情"的教育方式成就了孩子的未来。为了让孩子自立，就必须让孩子忍受身体的痛苦磨炼，而家长更是必须忍受心理的痛苦。大爱需要埋藏，爱的表达要选择恰当的时机。有远见的父母，都懂得为孩子的长远打算，有时还要有"狠心"。有时候，父母对孩子不能太心软，为了培养孩子良好的行为习惯，训练就要坚持高标准，严要求，大人要咬紧牙关，不达目的决不罢休！这样的做法也许当时会引起孩子的误会和反感，造成亲子关系紧张，但是，一旦孩子明白了父母的良苦用心之后，就会对父母充满感激，亲子之情就会刻骨铭心，永世不忘。这种近似无情的爱是一种大爱、深爱，这种逆向关爱相较于溺爱娇惯不知强过多少倍！

教子有方小课堂

在《战国策·触龙说赵太后》中有一句话，读来让人颇受启发：“父母之爱子，则为之计深远。”这是说，父母如果真的爱自己的孩子，就要为他的长远考虑。这是真爱和会爱的表现。可以说，父母爱子是人之常情，但是又有多少父母以爱之名，伤子于无形呢？为了使爱不变成害，家长应该怎样做呢？

1. 家长要尊重孩子

尊重孩子是真爱，不尊重孩子就是“伪爱”。尊重孩子主要指尊重孩子的人格，是对孩子各种需求的重视。很多父母抱着传统的观念，把自己摆在高高在上的权威地位，对孩子颐指气使，不尊重孩子，随意侵犯孩子的隐私权，这样做只能关闭亲子之间沟通的大门，伤害孩子的自尊心，失去孩子的信任。这种不把孩子当作一个拥有完整权利个体的错误观念，易导致家庭和社会的很多不良后果。孩子是需要尊重的，被尊重是孩子的一种权利，尊重孩子是家长的一种责任，尊重是一种最好的家庭教育。只有尊重孩子，才能使他健康、快乐、全面地发展；只有尊重孩子，才能亲子共成长。

2. 要有直接的爱

有的父母因工作忙，无奈之下将孩子安排给老人代养；有的父母特别是一些年轻夫妇，他们对亲子依恋关系的重要性认识不足，自己图清闲，将孩子交给老人，自己独享二人世界。这些父母白白错过了与孩子建立良好亲子依恋的关键时期，以至于到孩子大了，在家不和父母亲近、在外不合群的时候，才觉得有问题了。许多事实证明，如果一个孩子 6 岁前是和祖辈一起度过的，那么，就会给以后的亲子关系带来麻烦，给家庭教育增加难度。

3. 要有理性的爱

真正的爱不是无原则的、非理性的爱。非理性的爱可分为两种：一种是自私的爱，另一种是无私的爱。所谓“自私的爱”是指父母按照自己的意愿去爱孩子。他们把孩子当成自己的私有财产，完全按照自己的意愿去塑造孩子，将自己没能实现的心愿一股脑儿地让孩子替他们实现。所谓“无私的爱”是指父母无私奉献，完全按照孩子的意愿去爱孩子。孩子喜欢什么，就给孩子什么；孩子爱吃什么，就给孩子吃什么；孩子爱穿什么，就给孩子穿什么。这种不顾原则、非理性的爱不是真爱而是溺爱，是无知的爱。这种过度的关心，表面看是爱，实则是害。随着孩子年龄的增长，亲子矛盾会越来越多，百依百顺换来的可能是孩子的怨恨，甚至酿成悲剧。

其实，教育光有表面的爱是不够的，有时也需要一点狠心，这狠心也是一种爱——逆向关爱。

4. 让孩子学会感恩

孩子最初关心父母的行为是感恩之心的源泉，父母接受并赞许孩子的关爱，是孩子感恩之心的动力，是对孩子深层次的爱；如果父母不接受孩子的关爱，那不但伤害了孩子的感恩之心，也损伤了亲子之情，影响了亲子关系。在中国家庭中，几乎所有家长都愿意为孩子付出一切，家里有好吃的，父母总是先让孩子吃；孩子生病，父母更是忙前忙后，百般照顾，而父母身体不适，孩子却很少问候；许多家长只知道一味地为孩子付出爱，却没有要求孩子回报爱，或者不接受孩子的关爱，结果，把孩子应有的孝心给弄丢了，使孩子变得自私、冷漠，只知道索取，不懂得感恩。出现这样的结果是父母对孩子缺乏感恩教育所致。许多家长往往只注重孩子的学习成绩以及才艺的培养，而不重视对孩子的感恩教育。孩子的感恩之心不是生来就有的，父母没有对孩子进行感恩教育，孩子就不会有感恩行为。家长对孩子知恩图报的教育和以身作则的影响是孩子具有感恩之心的关键。教育孩子学会感恩，不仅仅是一种美德的要求，更是生命的一个基本要素。如果没有感恩教育，孩子往往觉得父母的付出是应该的，不但不知感恩，而且还会有怨言，亲子关系早晚会出问题。

第二节　父母修养与亲子关系

修养，包含着自身的品行道德和对生活的感悟，是一个人综合素质的体现。一个人的修养，不是以容貌、金钱、地位来衡量的，它是个人的精神长相，也是个人的内在涵养。真正有修养的人，是有大智慧的人，花开花落，淡然处之，凡心所至，处处皆是风景。

修养的含义有狭义和广义之分。狭义的修养就是修身养性，反省自新，陶冶品行和涵养道德，即人的思想意识、道德品行以及自我教育与改造，主要包括人的性情、思想、品德、处世、为人等。广义的修养指人在思想、政治、道德、学术、艺术、科学等方面勤奋修炼所达到的内在综合品质，就是近现代社会所提倡的涵养和修养，即礼貌善良、关爱善待、尊重真诚、理性智慧等品质和习惯。

现代的家长修养包括性情操守、思想品德、为人处世、政治与意识、学术与才艺等综合品质的修炼和涵养，是家长在认知、情感、意志、信念、言行和习惯等方面的修炼和涵养，是家长内在良好素质的综合体现。

家长的修养不但能提升自身素质，还能够促进亲子关系的健康发展。家长坚持学习，严格自律，处处为孩子做榜样，孩子自然会对家长心怀由衷的敬重，也会更愿意与父母亲近，进而促使亲子关系更加和谐。

一位母亲的自述：

为了教育好女儿，我改掉了好多坏习惯。不管做什么事，我都跟自己说，女儿一直看着我呢，我要给她做一个好榜样。我要以我对她的要求来要求自己，以对她的教导来教导自己。因为我相信，只有我的成长，才能带着孩子一起健康快乐地成长。

以前，我很要强，因此引起了很多争执；现在，为了让孩子学会包容，我也修身养性，不跟别人争吵了。以前，我经常随地吐痰，在农村时就养成了这个习惯；现在，为了让孩子讲卫生，爱护公共环境，我早就改掉了这个毛病。以前，我喜欢打麻将；现在，为了让孩子能够静下心来学习，我也戒赌了，代之以阅读。以前，我经常闯红灯；现在，为了让孩子遵守交通法规，也为了安全，我就是再赶时间，也宁停三分，不抢一秒。

以前，我上公交车就抢座位；现在，为了让孩子学会尊老爱幼，我每次都拉着她让座……

看着我邻里融洽，女儿学会了与同学友爱团结；听着我夸奖别人，女儿学会了赏识同学，向同学学习；看着我宽容忍让，女儿学会了善待他人；听着我怀念过去，女儿学会了珍惜现在；看着她爸努力工作，女儿学会了认真刻苦；听着她爸工作上的想法和计划，女儿学会了积极向上……

父母是孩子的榜样。家长以身作则，孩子耳濡目染，优于任何说教，这是成功家教的根本。“喊破嗓子，不如做出样子”，这就是人们经常说的“身教重于言教”。家长对孩子的教育影响是最直观的。家长是孩子的样子，孩子是家长的镜子。毋庸置疑，父母的行为对孩子影响最大。可以说，家长的言行就是孩子最直接的教科书，而且是教育作用最大的范本。孩子的不少习惯都是从父母那里直接“移植”过来的，或者是潜移默化学来的。因此，努力加强家长的修养，塑造好家长形象，是家庭教育的关键。

有人对某市108名优秀中学生作了调查，这些学生不但学习成绩优异，而且有理想、有抱负，有些刚到18岁就入了党。这些孩子的家长思想作风好，文化修养好，能够严格要求自己，以身作则，言行一致。而另一组数据则是某市对100名有犯罪行为的青少年进行调查，反映出由于家长作风不正，潜移默化地影响孩子，使孩子走上犯罪道路的有12人，占12%。上梁不正下梁歪，这方面的例子是举不胜举。正反两方面的案例说明，家长修养的好坏直接关系到孩子的发展程度。可见，家长的修养实在是太重要了！

有修养有威信的家长，对孩子进行教育，孩子容易接受。没有威信的家长，说的话孩子不爱听，教育没有说服力。最成功的父母，就是“活出了孩子钦佩的样子”，在灵魂和精神上做孩子的领路人。

教子有方小课堂

在教育职业日益走向专业化的今天，家长教育作为一种特殊类型的“教师培训”日益成为社会关注的焦点。从养育孩子的角度看，为人父母就是一个专业化的过程，需要家长资格的专业化。家庭教育呼唤专业化父母。

1. 家长应该“持证上岗”

现在没有一个职业可以不通过培训上岗的，唯独家长可以不通过培训自然上岗，并且终身拥有家长资格。这好像是天经地义、顺理成章的事情。然而，事实并非如此，在家庭教育这个最伟大、最神圣的事业中，父母是最重要的教育者，是最难扮演的角色，是最需要“岗前培训”的。这就需要家长加强学习，同时，坚持“在岗学习”，边做边学，边学边做，在做中学，在学中做。

2. 家长要坚持“育人先育己”的理念

家长一定要走出“重教子，轻自修”的误区，这个误区主要有四种表现：一是只让孩子好好学习，自己却不天天向上；二是只让孩子言行规范，自己却言行不一；三是为孩子发展舍得投入，对自身进修投入欠缺；四是只希望老师优秀，不考虑自己是否合格。这些表现是家长修养存在的最大问题，也是家庭教育的最大误区。许多家长只想把孩子教育好，没有想教育自己。须知，父母越自律，孩子越优秀。父母好好学习，孩子才能天天向上。

3. 做有威信的家长

威信分为权力威信和信服威信，权力威信是指以身份、职权等支配力量建立起来的威信。权力威信带有强制性，父母不应只凭权力发号施令，权力只能令子女望而生畏。权力是构成威信的外在条件，它对子女的影响力是相对稳定地发挥作用的，而真正能体现教育效果的，是非权力因素，也叫信服威信。信服威信是指以人格魅力及情感的力量建立起来的威信。信服威信具有感召力。父母建立信服威信主要有四大要素：一是品格因素，这是信服威信的基础；二是才能因素，这是信服威信的关键；三是知识因素，这是信服威信的源泉；四是感情因素，这是信服威信的催化剂。

第三节　家庭教育方式与亲子关系

家庭教育是在家庭生活中发生的，以亲子关系为中心，以培养社会需要的人为目的的教育活动。父母教育方式是父母教育观念、教育行为及其对儿童的情感表现的一种组合方式。这种组合方式是相对稳定的，不随情境的改变而变化，它反映了亲子交往的实质。父母的教育方式是影响儿童社会化发展的重要因素。父母通过教养行为，把社会的价值观念、行为方式、态度体系及社会道德规范传授给儿童，并由此构成了儿童社会化的具体内容和目标。良好的家庭教育方式有利于儿童心理和人格健康成长。良好的家庭教育方式主要有学习型、智慧型、民主型、权威型（威信型）、艺术型和自律型等。

良好的家庭教育方式有利于亲子关系的发展，而不良的家庭教育方式对于亲子关系具有破坏性作用。在家庭教育中，父母如果采取保护的、非干涉性的、合理的、民主宽容的态度，孩子就容易形成独立性、积极性、态度友好、情绪稳定等性格特性，从而促进亲子关系的发展；双亲如果采取拒绝的、干涉的、溺爱的、支配的、独裁的、压迫的态度，孩子就会显示出适应性差、神经质、依赖性、反抗性、情绪不稳定等性格特征，就会阻碍亲子关系的发展。

我们来看一位失足少年的自述：

我是怎样从一名少先队员变成一个犯罪分子的？我出身于工人家庭，父母希望我读书成才，而我比较贪玩，成绩不够好，因此没少挨父母的打骂。有一次，我旷课玩电子游戏去了，班主任家访后，爸爸得知我旷课，气得把我狠狠打了一顿。我认错了，他也不住手。挨打后，我憋了一肚子气，恨我的爸爸，也恨班主任。第二天早上，我装着去上学的样子，半路上我又到电游室去了，在那里我认识了一个比我大的人，他陪我玩电游，看录像，还请我吃东西。夜深了，我不敢回家，就在外面过夜。我一连几天不回家，新结交的朋友给我饭吃，又教我弄钱的办法。开始我很害怕，但偷到两只钱包后就有钱可以吃喝玩乐了。到了第五天，家里的人找到了我。他们把我拖回家后，又是一顿痛打。疼痛时，我下定决心离家出走。拳头不能留住我的心。后来我就离家并流窜到外地，偷自行车、偷钱包……

故事反映的是专制型家长的典型表现。专制型家长把自己看成权力或权威的象征，把孩子当犯人管，在教育方式上采取命令式，对子女实行严格控制，父母要求孩子绝对服从自己，给孩子的自由是有限的，他们与子女之间的关系是不平等的，是“管”与“被管”的关系，因而两代人之间沟通不够，家长较少对孩子表现温情，而是严格执行对孩子的处罚。专制型教育方式明显倾向于支持父母的要求，压抑了儿童的自我表达和独立的意识，使儿童缺乏社会责任感，成就动机低下。其结果不是奴性十足，就是叛逆成害。

专制型家长平时对孩子控制得很严，并且要孩子无条件服从自己的各种要求，一旦孩子违反，就会严厉地惩罚孩子。与权威型父母相比，他们对孩子提出的要求更多的是从自己的喜好出发，很少跟孩子解释为什么要这样做，使孩子几乎无法独立选择自己该干什么、不该干什么，孩子感受不到他们的温暖和支持。

专制型家长家庭的气氛也不活跃，父母和孩子不亲密，关系不融洽，甚至成为“猫鼠”关系，很少有语言交流，孩子说话、做事往往小心翼翼，孩子的需求经常得不到满足，孩子的困惑不能得到及时解决，孩子的情感也不能有效地宣泄。在这类家庭中长大的孩子，往往容易形成言语上和行为上的两面性，而且焦虑、退缩、不满，对人缺乏信任，同时也缺乏自信，心情不开朗，容易产生报复心理和攻击行为。

教子有方小课堂

在家庭教育中，纯粹单一的教养方式不多，往往是以一种教育方式为主、其他教育方式为辅的复合方式。教育方式受教育观念的制约，家长应更新教育观念，改变不良的教育方式。

1. 家长要树立正确的父母观

父母观是指对父母的根本看法，具体指父母角色、角色标准及如何扮演等。父母是孩子的第一任老师，而且是永不退休的班主任。首先，父母是榜样，这是一个站在孩子身前的角色，关键词是以身作则、引领。父母应为孩子做表率，引领孩子的人生路。其次，父母是陪伴者，这是一个站在孩子身旁的角色，关键词是帮扶、放手。帮扶是帮助扶持，不是包办、代劳；放手不是放任不管，而是智慧地给予机会和支持，但不过多插手，让孩子自己学会照顾自己。最后，父母是成就者，这是一个站在孩子身后的角色，关键词是尊重、信任和助推。父母应尊重孩子，相信孩子终将成长为他自己，做孩子成长的助推器。

2. 家长要树立理性的儿童观

理性的孩子观就是理性地看待孩子。首先，孩子是人，不是动物，不是器皿；其次，孩子是一个自然的人，他们应该有获得快乐、表达悲伤的权利；再次，孩子既是自己家庭的成员，又是民族、国家的后代，不是父母的私有财产；第四，孩子是一个独立的个体，有个性、有独立的人格，应该有独立于父母的思想和行为；第五，孩子是一个社会的人，他们应该和成人一样拥有社会赋予的公民权利，也要履行公民义务，这是父母所不能代替的；第六，孩子是未成年人，不仅在物质上需要来自父母的照料，而且在精神上也需要来自父母的关爱，他们年少无知需要教育，也会经常犯错误，不应对孩子要求太完美。最后，孩子是发展中的人，可塑性很强，有很大的潜能，家长要用发展的眼光看孩子。

3. 改变不良的教养方式

在现实生活中，我们常常看到因不良的教养方式引发的不同的儿童问题行为。孩子问题行为的产生受多种因素影响，最直接的影响因素是父母的不良教养方式。因此，父母只有通过合理的教养方式，向孩子传递正确的思想信念、行为模式、社会规则和道德规范以匡正孩子的行为，才能促进孩子的心理健康发展。不良的家庭教养方式则会导致儿童心理和人格的偏离，进而产生各种行为问题。在家庭教育中，不良的教养方式主要有专制型、溺爱型、冷漠型、放任型、唠叨型和消极型等。

4. 规范自己的教育行为

家长要强化表率行为，为孩子做好榜样；要注意无意行为，有时家长的无意行为比有意示范对孩子的影响还要大；要纠正不良行为，包括改变自身的不良习惯、缺点、失误和坏脾气；要少用忽视行为，对孩子来说，忽视也是一种虐待，可以少用，但不能常用；要发展主动教育行为，防患于未然，不要出问题了才教育孩子。

第四节　亲子沟通与亲子关系

亲子沟通是指发生在父母与子女间的沟通行为，是运用言语和非言语（眼神、表情或身体动作）来表达和传递彼此的情感、态度或意见等信息的交流过程。这些沟通行为交互传递了父母与子女间的认知、态度、情感与行为等层面的所有信息，并将亲子之间连接在一起。沟通是人际情感的基石。良好的沟通可以建立密切的亲子关系。没有沟通，父母与孩子之间就没有联系，就没有感情。

良好的亲子关系，要靠良好的沟通，良好的沟通主要是靠良好的语言。心理学研究结果表明，每一个人都有被认同和赞扬的内心需求。积极语言是符合人性的，在家庭教育中运用积极语言，能直抵孩子的心灵深处，带给孩子积极向上的正面冲击，也会起到事半功倍的效果。积极的语言是尊重的、关爱的、正向的、有亲和力的，是儿童喜欢的。家长使用积极的语言模式跟孩子说话，孩子才会听；孩子肯听，亲子沟通才能达到预期效果。有时家长抱怨孩子不听话，其中一个重要原因，就是父母的语言违反了心理学原理。为了和孩子有效地沟通，家长必须改变平时那些消极的和不良的语言。

东东13岁了，是一名初中男生，他的学习成绩在班级处于中上等水平。东东的妈妈曾女士曾是一名工人，后来因工厂搬迁到郊县，离家太远，就提前退休了。退休后，曾女士的主要任务就是照顾东东，帮助东东提高学习成绩。

每天东东放学回来，曾女士希望能和儿子一起坐下来，好好地说说话、谈谈心。可是每次曾女士的话匣子一打开，东东就烦了："急死了！我还有好多作业呢！""饿死了！还是先吃饭吧！"沟通根本无法进行。

在邻居的建议下，曾女士将饭前聊天改为饭后聊天，这样以后，尽管东东能静下心来了，但还是很少说话，常常以沉默应对曾女士的沟通要求。平时，东东只有在伸手要钱的时候才主动跟曾女士说话，他对父母的工作、生活情况更是从不问及，漠不关心。曾女士很苦恼，她不明白自己的家庭教育到底在哪些方面出了问题，不知道怎样与孩子做朋友，也不知道该跟孩子说些什么？

像故事中的家长与孩子沟通不畅，是家庭教育中常常遇到的问题。父母往往希望通过与孩子的沟通增进亲子感情，并达到了解和教育孩子的目的，但许多父母由于没有掌握沟通的技巧，影响了和孩子的交流。

许多父母在亲子沟通中会扮演一种掌控的角色，而子女更多会处在一种被照顾、被掌控的地位。即使在一些讲究平等观念的家庭，也无法消除这种客观上的不平等。这导致很多父母在和孩子沟通的时候，并没有把孩子放在和自己平等的位置上，他们只是想让孩子服从自己，从而达到教育孩子的目的。也就是说，在很多父母眼里，沟通更多是一个自上而下单向的说服，或者要求的过程。

但是，沟通是一个双向的过程，两个人在交流的过程中，既要说，也需要听。沟通的目的不是说服或压制对方，而是要达成共识。很多父母并不懂得沟通的真正意义，他们认为好的沟通就是让孩子变得听话，如果不听，那就是沟通不到位。这样的沟通只会造成父母和子女之间内心的隔阂，最终的结果就是孩子对父母逐渐失去信任，那些原来可以和父母说的事情，也不愿意再和父母分享了。从亲子关系认知角度讲，父母需要在观念上“降到”与孩子平等、平视的位置，从根本上去除身份认识上的居高临下，和话语权、智力、认识及判断力上的自以为是和优势心理——没有平等，就没有亲子之间坦诚、愉快的交流。

生活中，父母与孩子的沟通几乎每天都在发生，可令许多父母感到困惑的是：很多时候是沟而不通，父母频繁地“沟”，但实际效果却往往是没有“通”。是什么原因影响了亲子沟通呢？

一是沟通的时间不对。孩子经常放学后先跟同学玩一会儿再回家写作业，上中学以后，作业多了起来。放学后，孩子常常要马上回家写作业，写完作业才有可能玩一会儿。故事中，东东的妈妈希望孩子放学后立即进行沟通，就是时机把握得不好，使得孩子不耐烦，导致沟通出现障碍。

二是沟通的方式不妥。孩子不喜欢和家长沟通，说明家长与孩子的交流方式可能存在问题。家长和孩子沟通不需要一本正经地坐在那儿像开会一样，那样就太压抑了，孩子不会表达出真实的想法。所以，亲子沟通要选择恰当的沟通方式，掌握一定的沟通技巧。

三是不了解孩子的想法。放学后，家长该跟孩子聊什么呢？这是许多家长困惑的问题。沟通是家长和孩子的双向互动，孩子不愿意和家长沟通，也可能是因为家长根本就不了解孩子最需要的是什么、最在意的是什么，家长往往是按照自己的想法，用自己的方式去和孩子沟通，引不起孩子的沟通兴趣，孩子自然就不喜欢和家长沟通了。

四是沟通不仅仅是语言交流。家长不能片面地认为与孩子沟通就是多多地与孩子进行语言交流，语言交流只是沟通的一个方面。除了面对面的语言交流，家长也可以使用肢体语言与孩子沟通，比如，点头、微笑、鼓掌、竖大拇指或摇头等；家长还可以通过与孩子一起阅读、一起游戏、一起运动、一起看电视等方式进行心灵的沟通。

五是家长的情绪有问题。两个人的沟通，70%是情绪，30%是内容。情绪不对，内容就会被扭曲。没有良好的情绪，心里话就说不出来，真心话就听不进去。

教子有方小课堂

在现实生活中，很多家长都同东东的妈妈一样渴望与孩子沟通，但往往事与愿违。家长与孩子沟通受阻，不怨孩子，问题多出在家长身上。那么，家长应该怎样与孩子沟通呢？

1. 不要唠叨

在家庭教育中，有一种常见的现象，那就是父母对孩子反复地叮嘱、提醒和督促。其实，这种唠叨在教育中起不了什么作用。孩子需要父母的指导，但不喜欢父母的唠叨。唠叨的正面效果微乎其微，而负面效果却可能呈几何倍数增长。

2. 不以权威自居

许多父母抱着传统的观念，把自己摆在高高在上的权威地位，不尊重孩子。他们对孩子没问题时不谈话，一谈话多以批评、斥责为主。这种缺乏尊重的谈话是训话。没有尊重就没有真正的沟通，父母要尊重孩子的人格，尊重孩子的心理需求，尊重孩子的秘密，尊重孩子说话和辩解的权利，尊重孩子的兴趣爱好，尊重孩子的选择……只有放下家长的架子，与孩子平等交流，才能取得良好的沟通效果。

3. 要学会倾听

倾听就是细心地听取。沟通是从“听”开始的，忽视了倾听，难有好的交流效果，也难达到教育目的。倾听，是亲子有效沟通的必要部分。倾听不是简单地用耳朵来听，还需要父母全身心地去感受孩子在谈话过程中表达的言语信息和非言语信息。狭义的倾听是指借助听觉器官接受言语信息，进而通过思维活动达到认知、理解的全过程；广义的倾听包括文字交流等方式。其主体是听者，而倾诉的主体是诉说者。两者一唱一和有排解矛盾或者宣泄感情等优点。父母在倾听的过程中要作为真挚的朋友或者辅导者，要虚心、耐心、诚心和善意为孩子排忧解难。

4. 要有亲和力

“亲”主要是指亲情，体现为爱、关心、温暖、支持等；“和”主要是指和谐，体现在适度合理方面。亲和力是人与人之间信息沟通，情感交流的一种能力。亲和力源于人对人的认同和尊重。很多时候，亲和力所表达的不是人与人之间的物理距离的远近，而是心灵上的通达与契合，是一种基于平等待人的相互利益转换的基础。

5. 要口头语言与肢体语言相结合

父母在和孩子沟通的过程中，除了口头语言外，还要重视肢体语言的作用。肢体语言，又称身体语言，它是副语言的一种类型。副语言包括各种形式的非口头语言的人类交流方式，包括不为人注意的最细微的动作，例如眨眼和皱眉。身体语言在人际沟通中，有着口头语言所不能替代的作用。在沟通中，口头语言可以和肢体语言结合使用，肢体语言也可以与面部表情结合使用。

第五节　亲子沟通的艺术

沟通是人际情感的基石。良好的沟通可以建立密切的亲子关系和其他良好的人际关系。没有沟通，人与人之间就没有联系，就没有感情。

沟通是亲子共成长的助推器。亲子需要互动，需要沟通，一方面，家长要教育孩子，指导孩子的生活和学习，培养孩子良好的习惯；另一方面，家长也要向孩子学习。亲子之间在沟通中相互学习，在学习中共同成长。

作为父母，要充分认识亲子沟通的重要性。沟通是一门艺术，是一种超越知识的智慧，是连接心与心的桥梁，是人际交往也是人生非常重要的必修课。良好的家庭教育离不开沟通，有效沟通是亲子关系中最基本的也是最重要的环节。孩子通过体验父母和自己沟通的方式，学会和其他人沟通。如果父母不能和孩子进行有效的沟通，孩子就很难发展有效的人际沟通能力，也就难以形成良好的社会适应能力。亲子沟通是孩子早期生活中最重要的社会性活动，是家庭中最重要的教育形式。在一定意义上，亲子沟通的质量直接影响家庭教育的质量。良好的亲子沟通能够密切亲子关系，有利于家庭和睦；良好的亲子沟通会使孩子感受到爱与被尊重，从而对自己、他人和周围环境有积极客观的认识与期望；良好的亲子沟通会促进孩子乐于与父母以外的人交往，对促进孩子个性的发展有重要的影响。

有位参加青春期家庭教育咨询的教师，在笔记本上记录了一位中学生与父母的对话：

家长：这些天不知你怎么了，为什么不爱和我们说话？

孩子：跟你们有什么好说的！

家长：和外面的人接触要慎重。

孩子：知道了，知道了！老一套，也不嫌烦得慌！

家长：要和老实、忠厚的人交往。

孩子：老实是无用的别名，忠厚值多少钱一斤？

看看故事片段中的亲子对话，这是沟通吗？这是典型的沟而不通！在一些孩子特别是处于青春期的孩子的心里，父母与他们在思想上是有代沟的，是无法互相理解和沟通的，因而完全不屑于家长对他们的管教，甚至对家长的说教产生逆反心理，从而形成对立的僵局。

随着社会的进步与发展，孩子们接受新鲜事物的能力也越来越强，尤其中学生，更难管教。其实，世界上没有不愿意与父母沟通的孩子，只有不懂得如何跟自己孩子相处的父母。每一个拒绝与父母沟通的孩子，都是有原因的。孩子拒绝与父母沟通，是因为孩子未曾得到过理解和支持，说明家长与孩子的沟通方式出现了问题。父母在最开始都是孩子最爱的人，孩子方方面面都依赖父母，既听父母的话，也愿意把自己的话说给父母听，会主动和父母去分享他们认为很好的事情，具有很强烈的表达欲。但是，当他们的表现得到的总是批评与责怪，而没有任何他们所希望的反馈时，就会慢慢地消磨掉他们的自信，并且使他们变得沉默。此时，父母想走进孩子的世界或者让孩子走进父母的世界都很难。

有人曾经总结过孩子不愿和父母沟通的几大原因：一是父母喜欢讲冷冰冰的大道理，不关心孩子内心的想法；二是跟孩子“聊天”，话题只有“学习”；三是对孩子提各种要求，自己却什么都做不到；四是和孩子说话时，嘴上说在听，其实心不在焉……把这些原因细化一下，再补充一些内容，则家长在亲子沟通中存在的问题主要有：父母说话不讲究方式，不注意语气，不尊重孩子的隐私，缺乏共同的兴趣和话题，忽视孩子的话语权等。这些问题不解决，亲子沟通就无法进行，更不用说有实际成效了。

教子有方小课堂

沟通，比讲道理更重要的是讲方法。方法是战术，是实现目标的手段。讲究方法，就是在沟通过程中懂得变通，采用多样化策略。那么，父母采用怎样的策略才能与孩子有效沟通呢？

1. 从轻松的话题入手

父母与孩子沟通时，不要直接谈学习、论成绩，特别是对学习成绩差的孩子，更需要注意，要选择比较轻松的话题切入，比如，先嘘寒问暖，关心一下孩子的生活；或者从别人的事谈起；或者投其所好，选择孩子感兴趣的话题。这样，孩子就会消除防御心理和抵抗情绪，在此基础上再靠近学习这个主题。这是亲子沟通的迂回策略。

2. 学会与子女平行交谈

用平行交谈的方式跟孩子谈话往往能引起热烈的反应。所谓平行交谈，即父母在与子女一起从事一些普通活动时进行交谈，但重点要放在活动上，而不是谈话的内容，双方在交谈中也不必互相看着。这种谈话方式会让父母和孩子都感到轻松自在，例如和孩子一起看电视或进行体育活动。

3. 把要说的话写下来

有一位母亲发现她 14 岁的女儿已经开始同男孩子约会了，她想向女儿强调过早恋爱可能引起的危险后果，但是每次刚刚开口，女儿就不耐烦地说："这些我早就知道了。"于是，这位母亲就写了一封信给女儿，在信中细说了她的忧虑，还说她知道自己不能对女儿凡事都过问，然后她把信放在了女儿的床上。女儿一直没有表示收到过这封信，直到几年后的一天，母女俩正在厨房里忙着，女儿突然感谢母亲，告诉她说："那封信影响了我。"

父母可以把不想直接向子女说的话写下来。因为把话写下来，你的话就会显得更有分量，一般人会认为白纸黑字更加可信，而且可以长期保存、一读再读。

4. 不要无所不问

孩子特别是进入青春期的孩子通常不会把自己所有的事都告诉父母，如果是这样，家长最好不要追问。有一位母亲，有一天她 15 岁的女儿回家后就抽抽搭搭地哭泣，但没有告诉她原因。于是她陪女儿坐在沙发上搂着她，过了一会儿，女儿就走出房间不哭了。那位母亲始终不知道女儿为什么哭，但她明白那一天女儿需要的不是自己的追问，而是安慰。几年后，母女俩谈起这件事时，女儿已经记不起哭泣的原因，但是她说她记得当时母亲在她身边并拥抱她，而对女儿来说，母亲在身边才是最重要的。

5. 要改变语言模式

语气比语音更重要，怎么说往往比说什么还重要。父母不要老是用责备的语气，要多使用温柔、建议的语气，这样，沟通的气氛才会好，孩子也更愿意说出自己的心事。父母不要随意指责、否定孩子，不要给孩子贴标签，更不能对孩子使用语言暴力。

6. 与孩子共同商讨问题

上初中的孩子大多不再愿意事事跟父母商量，而是喜欢自己独自来做。父母的意见有时即使是正确的，孩子也并不都喜欢听。这时，父母要学会充当孩子的参谋，而不是做经理人。父母尽参谋的职责，就是细心聆听，协助选择，教给孩子正确的处理方法，而不随意插手干预。

当父母不知道怎么给孩子提供建议，或者不知如何回答的时候，可采用提问的方式，比如，“你觉得怎么做合适呢?”这样有助于启发孩子思考，调动孩子的积极性、创造性，然后，父母与孩子共同商讨解决问题的方法。

第八章　家庭中的家长教育

家长教育是指社会教育机构面向家庭生活的组织者开展的一系列教育活动。这些机构通过有计划、有组织的方式，向家长传授组织家庭活动（涵盖对未成年人的教育）所需的科学知识与技能，帮助家长树立正确的生活态度和价值观念，培养他们精准认知自身职责并高效履行的能力，以此助力家长实现家庭幸福。通俗来讲，家长教育就是针对家长开展的，围绕家庭生活、子女教育，以及提升家长自身修养和实用技能的专门教育。

家长教育作为一种特殊类型的培训，越来越被人们关注。如果说家庭教育是学校教育的基础，那么，家长教育就是家庭教育的基础，所以，家长教育是基础的基础。在这个机遇与挑战并存的时代，家长要更新观念，提升素质，抓住机遇，迎接挑战，与时代共同进步，与孩子共同成长；家长教育要创新机制，优先发展，走出一条具有中国特色的专业化发展之路。

第一节　认清家长所扮演的角色

一提到家长，我们自然就想到父母，因为在许多人的观念里，家长就是父母。其实，父母只是生育了子女的人，只体现了与子女的血缘关系，而家长则要承担抚养、监护、教育的责任。从家长在家庭教育中的职能地位和承担义务的角度来看，“家长就是父母”的观念不免有所局限。也就是说，父母不等于家长。家长不仅包括父母，还应包括祖父母、外祖父母和其他监护人（如保姆）等。

在自己的孩子面前，家长应当有多种角色：保姆、园丁、教师、教练、朋友、学生、参谋、保镖……角色各种各样、丰富多彩，作用不尽相同。家长在家庭和社会中扮演着多种角色。家长角色是社会结构中最基本的角色之一。一般情况下，家长角色的承担者是一个家庭中的父亲、母亲或具有监护权的成年人。父亲和母亲作为家长角色的承担者，既有一些共同的角色特征，也存在一定的差异。在教育中，家长角色多元性表现出对儿童成长的多方面作用，父母角色的差异性又表现出不同的偏向。

小灿是一名九年级学生，成绩优异，经常考年级第一名。一次，小灿课上质疑英语老师的教学，但因为方式不当，和英语老师起了冲突。从那以后，小灿一直对英语课非常排斥，经常上课不认真听讲。在九年级的一次模拟考试中，小灿的英语成绩退步了几十名。小灿的家长在了解原因后，没有责怪孩子也没有抱怨老师，而是耐心地劝导小灿要认识到老师的长处，要尊重师长，同时和老师沟通要有方法。家长在说服小灿后，又单独找英语老师推心置腹地进行了沟通，并请求老师找孩子谈一谈。师生推心置腹的交谈，解开了小灿的心结。孩子的心态转变后，学习态度也转变了，学习成绩很快上升。

故事中，小灿的家长在本次事件中扮演了协调者的角色。实际上，在家庭中，家长扮演的角色多种多样。

第一，家长是孩子的启蒙者，父母对孩子的启蒙主要有知识的启蒙、智慧的启蒙、道德的启蒙和性的启蒙等；第二，家长是孩子的保健者，保护子女的身心健康；第三，家长是孩子的示范者，榜样力量对孩子的影响最大；第四，家长是孩子的引导者，父母的引导是决定孩子成功与否的关键因素；第五，家长是孩子的监督者，不但要监督孩子的学习，还要监督孩子的品行……

在家校合作中，家长扮演的角色主要有：第一，家长是家校合作的志愿者。第二，家长是家校社教育的协调者，家长的协调主要涉及亲子关系的协调、师生关系的协调、同伴关系的协调等。第三，家长是家校合作的推进者，在家校合作中，家长要发挥“助推器”的作用，可以通过申报家长课程、争当义工、定期校访、积极建言献策等多种方式，参与学校教育，推进家校合作。第四，家长是学校教育的监督者，虽然大部分家长不是教育的行家，但作为孩子的监护人，他们有权了解学校的教育教学活动，有权知道孩子在学校的学习与生活情况，也有权监督老师的教育、教学行为。第五，家长是教师的协助者，家长协助教师工作具体表现在两个方面：一是在学校协助老师组织各类活动、维护秩序、管理班级、参与教学、观察孩子的在校表现等；二是家长要与老师保持一个很好的联系和沟通，与老师形成互补式合作。第六，家长应是家校合作的支持者，学校的工作需要社会支持，更需要家长的支持。第七，家长是学校教育的参与者，包括参与学校的各种活动，参与学校教育科研，参与学校管理，参与学校决策等。第八，家长是学校教育的评价者，通过家长会及家长评议学校等活动，可以进一步了解学生，有利于争取家长对学校教育教学工作的理解、支持和配合，有利于促进教育教学质量的提高，有利于学生身心健康的发展。家长对学校教育评价起着不可估量的作用。

教子有方小课堂

在家校合作中，校长、教师、家长和孩子都扮演着不同的角色，而每种角色都有相关要求和标准，就家长来说，要扮演好自己的角色，就要认清自己在家庭与在家校合作中的地位、职责和作用，增强角色意识，发挥自身优势，与其他相关角色形成教育合力，使资源优质化，效益最大化。

1. 认识角色规范

人们在社会生活中充当着多种不同的角色，社会有不同的要求。角色必须遵循人们普遍接受的行为准则，这便是“角色规范”。人们扮演某一角色，就应该按照那个角色所要求的行为规范去做。角色不同，要求就不同，言谈举止也应该有所不同。

2. 防止角色失调

不论是天赋的角色，还是获得的角色，由于各种各样的原因，人们的角色扮演并非一帆风顺的，而是常常产生矛盾，遇到障碍，甚至遭受失败，这就是角色失调。角色失调包括角色紧张、角色冲突、角色混同和角色失败等因素。

3. 角色调适的方式

一般来说，角色紧张、角色冲突、角色混同、角色失败等四种角色失调的情形，都会造成角色实践与角色期待之间的差距。尽管角色失调现象在家校合作中难以避免，但是，为了家庭、学校和学生的发展，我们还是应该尽量想办法减少各种失调现象，缩小角色差距，协调角色实践与角色期待之间的关系。这一过程，我们称之为“角色调适”。家长应有意识地进行自我调适，自我教育；不断反思；控制情绪；平衡心态。

第二节　懂，比爱更重要

每个孩子都是一本书，从婴儿到儿童，从少年到青年，一天一“页”，一年一“章”。每个孩子的成长过程都是一本“百科全书”，不同的性格、不同的志趣、不同的经历，决定了每本“书”都有不同的内容。作为称职的父母，务必精读、细读，真正读懂弄通孩子这本“书”。

随着知识经济时代的到来，随着科学技术的飞速发展，家庭和家庭教育正面临着前所未有的新情况、新问题、新矛盾和新挑战。这不但给家长提出了非常高的要求，而且也给读懂孩子这本“书”增加了难度。

要真正读懂孩子这本“书”，父母就需要不断学习，切实提高自身素质。面对瞬息万变的世界，不断更新观念，完善自己的知识结构，增加自己的文化底蕴，切实担当起家庭教育的重任。

家长爱孩子的前提是“懂”。一要懂孩子的成长规律，知晓孩子在发展过程中的顺序性、阶段性、差异性和不平衡性等特点；二要懂教育规律，为孩子提供适合的教育；三要懂孩子，不懂孩子但又特别负责的父母，是最危险的，越负责后果就越严重；四要懂自己，家长的改变，要从懂自己开始。

在家庭教育中，父母懂孩子，比爱孩子更重要！爱，不一定懂；可懂，才能正确施爱，才能爱得理性。不少父母太爱孩子，但又不太会爱孩子，基本表现是对孩子爱得糊涂，爱得错位，有时又爱得过分。因此，对孩子要既懂又爱，做一个懂爱、会爱的家长。

小佳到了初中后，小佳的妈妈看女儿经常穿着一身“奇形怪状”的衣服，和同学去参加漫展。小佳的妈妈觉得太过招摇，便不让她再穿，还训斥道：“你一个学生，不好好学习，整天穿这些乱七八糟的衣服出去，哪里像个学生样?”随后还把她的这些衣服都扔了。小佳为此和妈妈大吵一架，哭着说：“你根本就不懂我。”

“你根本就不懂我”这句话，相信不少家长在孩子嘴中听到过。大多数时候，孩子讲出这句话的原因只是为了拒绝和父母交流，或者是想要逃避爸爸妈妈的训斥。但是有些时候，有可能是你真的不懂孩子。至少，你不懂怎么和孩子沟通。

读懂孩子首先要了解孩子。父母不了解孩子，特别是不懂孩子的心理是非常普遍的现象。做父母的也许读懂了孩子的表面，不一定读懂了他的内心；读懂了他的童年，不一定读懂了他的青春期。很多时候，家长总是以自己的惯性思维来揣测孩子，始终都没有读懂孩子，从而导致各种各样悲剧的发生。

一般来说，父母要了解孩子的身体发育、智力发展、学习、心理、个性、习惯、性格、喜好、品德、才能等方面的情况，了解孩子的在校表现，了解孩子的休闲活动，了解孩子的想法，了解孩子的自我意识，了解孩子安全感的需要、交往的需要、游戏的需要、信任的需要、创造的需要、对异性关注的需要、成功的需要等。可以说，许多父母教子失败就是因为不了解孩子。因此，家长读懂孩子是非常必要的。只有读懂孩子，才能与孩子进行有效沟通，教育孩子才能有效果。

教子有方小课堂

懂，是世界上最温情的语言，是通往心灵的桥梁，是生命中最深刻的感动。懂是爱的前提，爱是懂的保障。懂是慢慢渗透，爱是涓涓细流，爱因懂而更加深刻，却也比爱更加难得。那么，家长怎样才能读懂孩子呢？

1. 学会理解

有句话叫“理解万岁”。理解意味着宽容，意味着放弃固有的观念和权威，理解需要换位思考，将心比心，理解需要现身说法。可以说，许多家庭的悲剧都是由于家长不理解孩子，使用过激语言，采取不当的教育方式造成的。

2. 学会沟通

在家庭中，家长处于沟通的主导地位。家长的观念、态度、情绪、能力、方式方法等，决定亲子沟通的效果。沟通的核心是懂，沟通的关键是找到“密码”。不是所有的沟通都是有效的，有效沟通能够加深对孩子的了解，密切亲子关系，促进孩子健康发展；家长如果不善于沟通，孩子就会关闭心门，把家长拒之门外，连“懂”的机会都没有了。

3. 学会反思

在家庭教育中，家长只有善于反思，才不至于总是在一个地方失误，才会找到正确的读懂孩子的方法。这样，家庭教育才会走向成功，家庭就会变得更和睦。父母必须从反省出发，在改变中去承担责任，在反省中去获得新的智慧。

4. 学会施爱

家长教育孩子的前提是“爱”。家长要懂爱、会爱，爱得有原则，爱得适度，既不缺爱，也不溺爱；既不按父母的意愿控制孩子，也不按孩子的意愿放任孩子。

第三节　做一个用心的家长

每个优秀孩子的背后都有一个用心的家长。没有无缘无故的优秀，有人只看到了别人家的孩子优秀，殊不知这优秀的背后是孩子父母更多的心血和努力。培养孩子是一项事业，父母只有用心才能让孩子变得更加优秀。

孩子成长过程中的点点滴滴都牵动着家长的心。对于孩子的教育，家长需要用心，做到用心关爱，用心指导，用心支持。家长的悉心教养，将会对孩子的一辈子产生重要影响。

在家庭教育中，聪明父母用心，平凡父母用眼。家长如果用眼睛，只能看到表面现象，对着这表面现象想尽办法，很可能徒劳无功。孩子被步步紧逼，灵魂没有喘息的余地，更没有生长的空间。只有当家长跳过现象，用心去体会孩子，才能和孩子培养深厚的默契，产生心灵的共鸣，才能从源头影响孩子。这种影响对孩子来说，才是深远的。

没有关心和上心，就没有行动和付出；没有行动和付出，就没有收获和成功。

小文的爸爸常年在外打工，他的妈妈秦女士只有小学文化，平时在村里开个小杂货店，维持着生计。小文八年级的时候，沉迷于网络游戏，经常一玩就是十几个小时，不吃饭，不睡觉，不读书，无论秦女士怎么劝说都没有用。为了阻止儿子玩游戏，秦女士把家里的网线剪断了，小文就跑到外面网吧去玩。

为了救自己的儿子，秦女士把自己的小店关了，到县城去交钱参加培训，从零开始学习电脑。刚开始，她连怎么开机都不懂，更不知道网线怎么插，打字也不会……面对学电脑过程中碰到的种种难题，秦女士咬紧牙关，一个个攻克。她还把学习电脑的心得与艰辛，一点一滴记在日记本上……就这样默默地苦学了半年，秦女士终于学会了基本的电脑操作，还学会玩QQ了。她给自己取了个网名，用QQ跟儿子在网上聊天。当然，儿子并不知道这个网友就是自己的妈妈。

经过多次交流沟通，他们在网上几乎无话不谈，聊得很投机。两个月后，儿子要求跟这个网友见个面，因为他觉得这个网友太神了，每次聊天，自己还没有多说什么，这个网友总能猜到他的心思，这让他很好奇。秦女士也觉得时机已经成熟，就答应了。一见面，儿子发现网友竟然是自己的妈妈，大吃一惊。他想不到，大字不识几个的妈妈竟然是跟自己在网上用各种潮流语言聊天的网友。秦女士把自己这半年来从零开始学习电脑的记录拿给儿子看。儿子看后大为震撼，他哭着跪在妈妈面前，承认自己错了，并决心要戒掉电脑游戏。

故事中的妈妈是一位伟大的母亲，她用自己的努力，感化了儿子。孩子一旦迷上了网络游戏，光靠老师或专家是解决不了问题的，关键还是要家长自己用心去帮助孩子。只要用心，就一定能有办法挽救你的孩子。有专家曾说过，孩子能否成才，关键是家长、学校、社会的共同配合。但是，社会好不好你是不能把握的，学校的老师好不好你也不一定能把握，你唯独对你自己是可以完全把握的。只要你的教育方法好，那么你的小孩无论碰到什么样的老师都不会坏，碰到好老师就会更好。

家长要从真爱出发，做一个用心教育孩子的家长，在用心的同时把细心、耐心、苦心、匠心结合到一起，如此，孩子才能健康成长。

教子有方小课堂

在家庭教育中，要做用心的家长，就要有智慧，知道在哪些方面用心。那么，家长究竟应该在哪些地方用心呢？

1. 做一个用心观察的家长

一是观察孩子的发育情况，观察孩子是否性早熟，是否发育迟缓，是否发育不正常，是否营养不良。二是观察孩子的视力，纠正孩子的读写姿势。三是观察孩子的饮食，孩子一旦挑食、偏食，对他的身体健康发育是有危害的。四是观察孩子的睡眠，防止“垃圾睡眠”。五是观察孩子的日常行为，进行有针对性的教育。六是观察孩子的个性特点，以便因材施教。

2. 做一个用心研究的家长

研究，并不是那些专业人士的专利，家长也要搞研究，提高研究能力。一是研究专业项目，根据自己所从事的事业特点和个人特长开展专业性项目研究，以促进工作。二是研究致富项目，根据家庭需要和个人优势选择合适的致富项目进行研究，提高致富能力，增加家庭收入。三是研究孩子，包括孩子的性格特点和智能特点，培养孩子健全的人格，发展孩子的个性特长。四是研究家庭教育，提高教子能力，懂得如何与学校和老师配合，搞好家校共育。

3. 做一个用心陪伴的家长

（1）不要看守式陪伴。看守式陪伴是指父母不辅导或辅导不了孩子，只在孩子旁边看管，防止孩子阅读或做作业时开小差的一种陪伴方式。这种做法往往会引起孩子的反感。

（2）少用监督式陪伴。监督式陪伴是指父母在看守孩子的同时不断挑毛病的陪伴方式。表现之一：在孩子学习时，家长一发现孩子溜号或不认真学习，就出言提醒，甚至是呵斥；表现之二：家长过一会儿就会看看，并且挑出毛病：这个字写错了，重写；那道题算得不对，重算！家长的监督是必要的，但总是盯着孩子就不可取了。

（3）避免干扰式陪伴。干扰式陪伴是指父母的言行不仅对孩子没有帮助，反而会干扰孩子。比如，不管孩子需不需要，家长一会儿问“宝贝，饿了吗？想吃点啥？”一会儿又问“宝贝，渴了吗？想喝什么，冰箱里有。”

（4）主张互动式陪伴。互动式陪伴是指父母在陪伴孩子的过程中通过一定的方式进行互动交流。比如，家长陪孩子看电视时，可以有意适当发问，或向孩子请教，孩子对他喜欢的节目非常愿意解说，这样亲子就会有共同语言。看完电视后，家长还可以提出一两个问题同孩子讨论，并就孩子的言论，对孩子进行肯定和鼓励。

（5）提倡互利式陪伴。互利式陪伴是指父母与孩子同处一室但各自做自己该做的事情，需要沟通和帮助的时候再合作，以求各得其所。比如，父母告诉孩子：你做你的作业，我做我的工作，你需要帮助的时候叫我。如果父母没有要做的工作，那就坐下来专心读书，给孩子做个榜样。亲子相处的关键在于“陪伴”的质量。有些家长的确坚持每天陪孩子看书学习，但其间却心不在焉，一直在翻看手机，这是毫无意义的陪伴，这种陪伴还不如不陪！

4. 做一个用心倾听的家长

在亲子沟通中，家长要先学会倾听。在孩子倾诉的时候，家长表现出很乐意去听孩子说话的状态，这对于孩子来说就是一种鼓励。孩子感受到父母想听自己说的话，就会更愿意跟父母倾诉自己的所感所想，这就有利于父母与孩子之间的沟通。对于孩子生活中遇到的一些问题，父母也能正确接收并及时地做出适当的引导，给予合理的建议。这样，不仅能让亲子关系更加融洽，还能促进孩子的健康发展。

第四节　家长要练好基本功

每个行业都有自己的基本功，比如相声基本功、京剧基本功、体操基本功、中医基本功等。李可染说：“基本功是从十分繁复的艺术修炼的全过程中，抽出其中有关正确反映客观真实的最根本、最困难、最带关键性的规律部分，给以重点集中的锻炼。”

俗话说：“基础不牢，地动山摇。”就好比盖房子，一定要把地基打好了，地基的厚度决定了房子的高度。干事创业何尝不是这样？重在把基础夯实。基本功不扎实，基础就夯不实，就难以行稳致远。基础好，后劲就足，即使一时受挫，也能迎头赶上。

最厉害的本事，往往都是基本功。基本功往往反映了一个行业的底层逻辑与本质规律，也决定了一个从业者未来能够走多远。基本功，是一个人的职业底色。潜心修炼基本功，不断精进，才能修炼出自己的核心竞争力。

基本功是一个不断消耗不断巩固的动态过程，靠“吃老本”是不行的。“老本”消耗完，就会造成本领恐慌，无以为继。要想消除本领恐慌，就要持之以恒地练好基本功。

与其他行业一样，家长也要有基本功。家长要完成家庭教育任务，需要很多复杂的能力和智慧，需要教育艺术。家长练好基本功，就为家庭教育的成功奠定了牢固的基础。

故事一：小时候，有一天妈妈拿来几个苹果，红红绿绿，大小各不同。我一眼就看见中间的一个又红又大，十分喜欢，非常想要。这时，妈妈把苹果放在桌上，问我和弟弟：“你们想要哪个？”我刚想说想要最大最红的那个，这时，弟弟抢先说出我想说的话。妈妈听了后，瞪了他一眼，责备他说：“好孩子要学会把好东西让给别人，不能总想着自己。”于是，我灵机一动，改口说：“妈妈，我想要那个最小的，把大的留给弟弟吧。”妈妈听了，非常高兴，在我的脸上亲了一下，并把那个又红又大的苹果奖励给我。我得到了我想要的东西，但是，从此我学会了说谎。后来，我又学会了打架、偷、抢，为了想要得到的东西，我不择手段，直到被送进监狱。

故事二：小时候，有一天妈妈拿来几个苹果，红红绿绿，大小各不同。我们兄弟三人都争着要大的，妈妈把那个最大最红的苹果举在手中，对我们说：“这个苹果最大最红最好吃，谁都想要得到它。那么，现在让我们来个比赛。我把门前的草坪分成三块，你们三个人一人一块，负责修剪好，谁干得最快最好，谁就有权得到这个苹果！”

结果，我赢了那个最大的苹果。我非常感谢母亲，她让我明白了一个最简单也最重要的道理：要想得到最好的，就必须努力争取。她一直都是这样教育我们，也是这样做的。在我们家里，你想要什么好东西，要通过比赛来赢得。这很公平，你想要什么、想要多少，就必须为此付出多少努力和代价！

两个故事从正反两个方面说明了家长“会引导”与“不会引导”所产生的不同结果，也说明了正确引导孩子的重要性。在家庭教育中，引导方向比强迫服从更重要。引导能够增强动力，激励孩子积极进取；强迫容易使孩子产生畏惧或逆反心理，导致孩子不是当面抗拒，就是背后消极应付。教育的真正意义是启发孩子自己去感悟，自己去思考，而不是强迫孩子如何如何去做。可见，“引导”是一项非常重要的基本功。学会引导才能提高教育的艺术性和实效性。孩子的成长需要家长的引导，父母应该是“引导者”，不应该做“统治者”。孩子处于发育和成长的阶段，身心发展还不成熟，这就需要家长及时引导，而不是把父母的意志强加给孩子，强迫孩子按照父母的标准行事。

家长要学会引导。学会引导就是学习掌握科学的教育方法，克服简单粗暴的做法，诱导和激发孩子的动机，唤醒其内部动力，最大限度地引导调动孩子的生命潜力，鼓励孩子主动思考、向往目标、向往成功，去迎接挑战。

家长要摒弃简单粗暴的教育方式方法。首先，家长不要打骂孩子。孩子如果犯错，不能靠打骂手段解决问题，要弄清事实，分析原因，靠引导把孩子引向正路。其次，家长不要唠叨。批评时一般只需简明扼要地指出错误所在，讲清道理即可，切勿唠唠叨叨。教育孩子的好话说一遍是真理，说两遍是强调，说三遍算是督促，但已有唠叨之嫌，若说上十遍，那就是陈词滥调。孩子随着年龄的增长会越来越讨厌大人的唠叨。从心理学上说，唠叨是一种重复刺激，听的人会在大脑皮层上产生保护性抑制，你越说他越听不进去，并产生厌烦情绪。所以说，唠叨是一种无效行为，不起教育作用。不仅如此，唠叨还会出现两种不良后果：一是言多语失，父母话一多，难免有漏洞，于是，孩子钻了空子，进行反击，家长不但没有教育到孩子，反被孩子抢白了一顿；二是言多语重，父母一唠叨，容易越说越生气，于是，狠话连连，骂骂咧咧，伤害了孩子的自尊心，影响了亲子关系。最后，家长不要命令孩子。孩子对父母的命令大都反感，不愿意接受，而使用启发式、诱导式、选择式等方法，孩子则比较喜欢。

教子有方小课堂

我们已经知道家长练好基本功的重要性，但是还不一定了解家长基本功的总体内容，家长除了练好前面说的“引导”功之外，还需要练好哪些基本功呢？主要有以下几个方面：

1. 家长要练好“说功”

说功就是口头表达能力，是指用口头语言来表达自己的思想、情感，以达到与人交流目的的能力。口头语言比书面语言起着更直接的、更广泛的交际作用。现代社会的发展，对人的口头表达能力提出了越来越高的要求。

提高口头表达能力就是要练就一副好口才。人才不一定有口才，有口才的人肯定是人才，而且应该是出类拔萃的人才！古人云：“一言之辩，重于九鼎之宝；三寸之舌，强于百万之师。”可见口才的作用之大。

家长首先要学会说话，学会说话是人生重要的一课；其次是说话要有艺术性，就是说话要幽默，有趣。

2. 家长要练好“听功”

听是语言基本功中最基础的环节。听功的基本要求是具有辨别语音、理解语意、品评话语的能力。能听、会听是听功的基本要求。在亲子沟通中，听比说要重要得多。家长要想取得良好的亲子沟通效果，就要学会“听”的艺术，要心平气和、全神贯注地听，倾听中要有鼓励，听孩子说话时不要打断，倾听时要帮助孩子把话说下去。事实证明：只有父母愿意倾听，孩子才会愿意倾诉；只有父母肯把心交给孩子，孩子才肯把心交给父母。

3. 家长要练好“写功”

写功是指写作的功力，是书面语的运用能力。书面语是在口语的基础上发展来的，是在文字产生之后才出现的。家长掌握写作基本功不仅是自我发展的需要，也是教育子女的需要。好的写作功底是一个家长良好修养的重要体现。作为家长，如果只是读书不写作，不梳理自己的成败得失，又怎么可能提升自己的教育理念呢？要使自己尽快成长起来，就要坚持笔耕不辍，不要说而不写，说完就忘，要善于积累，善于总结。可以从写孩子的成长日记起步，锻炼自己多写案例、写心得、写反思、写论文等。

4. 家长要练好“思功”

思，就是思考，反思。反思能够让人正确认识自己，也就是既知道自己的优势，也知道自己的不足。人生最糟的不是失去什么，而是迷失自我。只有悟透了自己，才能把握住自己，才能战胜自我、超越自我。人需要反思，需要自省，人只有通过反思自省，才能做到自我升华，才能获得新的能量。父母必须从反省出发，在改变中去承担责任，在反省中去获得新的智慧。

5. 家长要练好“评功”

评，即评价，是指对一件事或人物进行判断、分析后的结论。孩子的成长离不开老师和家长的有效评价。在家庭教育中，家长要注意评价的艺术性，多使用鼓励性的评价，少用否定性的评价。鼓励性的评价，可使孩子扬起自信的风帆，一直驶向成功的彼岸；否定性的评价，虽然能使孩子认识错误、纠正错误，增强受挫能力，但是，经常使用容易使孩子丧失自信，看不到成功的希望，找不到前进的动力。

第五节　争做合格家长

“家长”是一个什么性质的职业？这是一个不经过考核就可以上岗，并且不会因为考核不合格而下岗的职业。天下最简单的就是“为人父母”——生儿育女并把他们养大，那甚至是许多动物与生俱来的本能；天下最难的也是“为人父母”——要求在自己没有经验的情况下把孩子教育成功。

可以说，这是最需要“岗前培训”的工作。因此，我们提倡：先学会做家长，再准备当父母；先打好“家长教育”这个“地基”，再启动“教育建筑”工程；先建好家庭教育“第一层楼房”，再建设学校教育的“高楼大厦”。

如果让家长回答：是教育孩子难还是开车难？相信很多家长会回答说：当然是教育孩子难。开车没有教子难，却要经过培训，发驾驶执照才能上路，而教育孩子比开车难，可是往往既没有培训，也没有考核，更没有执照就“上岗”了。当然，当司机与当家长似乎可比性不大，孰难孰易似乎也不必争论，将二者硬性比较，意在强调当家长难。谁都知道，当司机不合格，开车无驾照，交通就会乱套，出事故在所难免。因为有法律规定，更有交通管理部门的监督，责任相对比较好划分和追究。而当父母不合格，家庭教育自然会失误，但危险是潜在的，是不明显的，再说，孩子又经受了各级各类的学校教育，还受到社会教育的影响，如果变坏，可能是几年、十几年甚至是几十年以后的事情，周期很长，很难划分责任，更没有人也无法去追究家长的责任（即使能追究也于事无补）。正因为如此，当家长的重要性容易被忽略。许多人花时间学开车考驾照，却很少有人花钱去学习如何做家长。

不培训、不学习、不合格的家长好比没有驾照（家长资格）的司机，这些无证驾驶的“司机”在孩子成长的道路上就会成为“马路杀手”和“肇事者”，只不过肇事有早晚、大小、轻重之别而已。

居里夫人是一位杰出的女科学家，曾摘取了两个不同学科的最高科学桂冠——诺贝尔物理学奖与诺贝尔化学奖，并且一生中获得了难以计数的

其他荣誉，可谓是智慧超群、硕果累累。而让人惊讶的是，她的大女儿是核物理学家，因发现人工放射性物质获得诺贝尔化学奖；她的二女儿是音乐家、小说家，曾经与丈夫一起获得诺贝尔和平奖。一家三口，居然获得了4个诺贝尔奖，这的确让世人惊叹！

人们不禁产生疑问，这位比普通人忙碌几倍，甚至几十倍的科学家，是怎样培养和教育自己的子女成才的呢？她的回答很简单："教育孩子是一项智慧工程，家长拥有教育智慧，往往能事半功倍。"尽管科研工作繁忙，但居里夫人丝毫不放松对孩子的教育。她长期跟踪孩子的成长，在女儿们小的时候，她坚持记录两个女儿的生理、心理、智力发展情况，而且从不间断，并初步明确两个女儿的天赋所在。发掘女儿们不同的天赋之后，居里夫人根据两个女儿不同的个性因材施教，使她们很快在各自的领域脱颖而出。居里夫人不仅注重开发女儿的智力，更注重女儿性格和品质的培养。为了培养孩子勇敢、不畏艰难险阻的品格，居里夫人便经常带她们去大自然锻炼。

故事说明了居里夫人不仅是一位伟大的科学家，还是一位伟大的教育家，具有教育智慧。由此可见，教育智慧的重要性。现实中，家长的沟通方式、互动模式及教育理念、教育方式方法等，都需要智慧支撑。没有教育智慧，家长在教育孩子时，往往缺乏理性，就容易产生问题：有的溺爱孩子，保护过度；有的教育方法简单粗暴，靠"打"解决问题；有的唠唠叨叨，引起孩子反感。事实证明：每一个优秀孩子的背后，至少有一位智慧的家长；而每一个问题孩子的背后，都至少站着一个有问题的家长。一个少管所的干事说："到我们这儿来的孩子，追根溯源，促使或是致使其犯错犯罪的90%与家庭教育有关。不是太爱，就是太不爱，或者不会爱，反正没找到方向，把握不了分寸。”

许多案例表明，在当今的家庭教育中，家长不只是实施教育的一方，也面临着被教育的问题，对家长进行教育，使之建立起正确的教育理念，已经成为一个非常迫切的问题。要教育孩子必先教育家长。改变中国教育，要从改变家庭教育开始，改变家庭教育，要从改变家长开始。

家庭被称为人生的第一所学校，而且是无可选择的第一所学校；父母是孩子人生的第一任教师，也是无可选择的第一任教师。可以说，好的家庭胜过好的学校，好的父母胜过好的教师。优秀的家长营造优秀的家庭，优秀的家庭造就优秀的孩子。家长教育是基础，是孩子成长的教育源头，是家庭教育、学校教育的前提。只有家长教育先行，亲子教育才能成功，学校教育和社会教育才能提高效率。

家长的文化程度不同，工作岗位多种多样，身世经历各异，又很少甚至没有接受过系统培训，怎么能都称职呢？家长不合格怎么办？显然，不能像学校对待不合格教师那样予以解聘，而只能在现实状态下，在原有基础上，设法提高其思想水平和教育能力。

教子有方小课堂

在目前官方还没有制定统一的合格家长标准的情况下，我们尝试根据众多家长的实践以及专家学者的论述，提出合格家长的几大标准，以期帮助家长提高家庭教育效能，由“自然型父母”成长为“专业型家长”。

1. 爱学习

没有天生的成功父母，也没有不需要学习的父母，成功的父母都是不断自我学习提高的结果。要做好父母，就要多学习。通过学习，不断更新教育观念，树立正确的儿童观、质量观、人才观。

2. 做表率

家长良好的言行能为孩子做出正面的表率，家长的不良言行则是孩子的坏榜样。作为负责任的家长，要努力塑造好自身形象，这也是家庭教育的入口处、关键处。

3. 会沟通

不论是与孩子的沟通，还是与孩子老师的沟通，家长都要注意选择恰当的沟通方式，掌握一定的沟通技巧。

4. 有方法

家长应懂得家庭教育艺术，会施爱，会表扬，会批评，会说服等，使用科学的教育方法。

5. 有担当

家长应有担当，能对家庭负责，对自己负责，对孩子负责，还要对孩子所在学校负责，对社会负责。

6. 肯用心

合格家长都肯用心。用心教育孩子，用心管理家庭，用心支持孩子的学校工作。

7. 态度好

家长在教育孩子的问题上，要有一个好的态度。态度决定选择，态度决定思路，态度决定命运，态度决定一切。